KB202455

처음 시작하는 벨직 신앙고백

세움북스는 기독교 가치관으로 교회와 성도를 건강하게 세우는 바른 책을 만들어 갑니다.

처음 시작하는 벨직 신앙고백

핵심만 명쾌하게, 벨직 신앙고백 길라잡이

초판 1쇄 인쇄 2025년 4월 25일
초판 1쇄 발행 2025년 4월 30일

지은이 ㅣ 김태희
펴낸이 ㅣ 강인구

펴낸곳 ㅣ 세움북스
등 록 ㅣ 제2014-000144호
주 소 ㅣ 서울시 종로구 대학로 19 한국기독교회관 1010호
전 화 ㅣ 02-3144-3500
팩 스 ㅣ 02-6008-5712
이메일 ㅣ holy-77@daum.net

디자인 ㅣ 참디자인

ISBN 979-11-93996-45-4 (03230)

처음 시작하는 벨직 신앙고백

핵심만 명쾌하게, 벨직 신앙고백 길라잡이

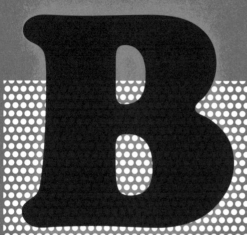

김태희 지음

세움북스

B

서문

개혁 교회의 일치를 위한 세 개의 신조

종교개혁의 정신을 계승하는 개혁 교회가 특별히 소중하게 여기는 세 가지 신조가 있습니다. 〈벨직 신앙고백〉, 〈하이델베르크 요리문답〉, 〈도르트 신조〉입니다. 이 세 가지를 '개혁 교회의 일치를 위한 세 개의 신조'라고 부릅니다. 세 가지 신조를 간단하게 소개하면 다음과 같습니다.

하이델베르크 요리문답은 1563년 독일 하이델베르크에서 작성된 개혁주의 신앙고백서입니다. 프리드리히 3세의 후원 아래 자카리아스 우르시누스(Zacharias Ursinus, 1534-1583)와 카스파르 올레비아누스(Kaspar Olevianus, 1536-1587)가 중심이 되어 작성했습니다. 하이델베르크 요리문답은 총 129문답으로 구성되어 있으며, 크게 세 부분으로 나누어집니다. 첫째 부분은 인간의 죄와 타락을 다루고, 둘째 부분은 예수 그리스도를 통한 구원의 은혜를 다루며, 셋째 부분은 구원받은 성도가 어떻게 감사하며 살아야 하는지를 다룹니다. 그중에서 특히 제1문답에 있는 "살아서나 죽어서나 나는 나의 것이 아니요, 몸도 영혼도 나의 신실한 구주 예수 그리스도의 것입니다"라는 고백문은 아주 유명합니다.

도르트 신조는 1618-1619년 네덜란드 도르트(Dordt)에서 열린 도르트 총회에서 작성된 개혁주의 신앙고백서입니다. 이 신조는 알미니우스주의를 반박하고, 개혁주의 교리를 확립하기 위해 작성되었습니다. 도르트 신조는 다섯 가지 큰 주제 아래, 93개의 항목으로 구성되어 있습니다. 첫째 주제는 '전적 타락'입니다. 인간은 죄로 인해 완전히 타락하여 스스로 구원을 얻을 수 없다는 것입니다. 둘째 주제는 '무조건적 선택'입니다. 하나님은 사람의 행위와 조건이 아니라, 오직 자기 뜻에 따라 구원할 자를 선택하신다는 것입니다. 셋째 주제는 '제한 속죄'입니다. 예수님의 속죄는 모든 사람이 아닌 택함받은 자들을 위해 주어진다는 것입니다. 넷째 주제는 '불가항력적 은혜'입니다. 하나님의 은혜는 거부할 수 없으며, 반드시 구원에 이르게 한다는 것입니다. 다섯째 주제는 '성도의 견인'입니다. 구원받은 성도는 끝까지 믿음을 지킨다는 것입니다.

벨직 신앙고백의 구조

벨직 신앙고백은 1561년, 네덜란드 개혁 교회의 지도자 귀도 드 브레(Guido de Brès)가 작성한 개혁주의 신앙고백서입니다. 당시 네덜란드는 가톨릭교회 국가인 스페인의 통치를 받고 있었으므로, 네덜란드에서 개혁주의 신앙을 따르는 자들은 심한 박해를 받아야 했습니다. 이에 귀도 드 브레는 개혁주의 신앙이 이단이 아니라, 성경에 근거한 올바른 신앙임을 밝히기 위해 이 신앙고백서를 작성했습니다. 벨직 신앙고백은 처음에 프랑스어로 작성되었고, 이후 네덜란드어로 번역되었습니다. 후에 도르트 총회에서 공식 문서로 채택되면서 개혁 교회의 중요한 신앙고백서로 자리 잡았습니다.

벨직 신앙고백은 총 37개 조항으로 구성되어 있으며, 사도신경의 구조를 따라 기독교 신앙의 핵심을 설명하고 있습니다. 제1–2조의 주제는 하나님과 계시이며, 성경을 통해 하나님을 아는 것에 관하여 다룹니다. 제3–7조의 주제는 성경이며, 성경의 권위에 관하여 다룹니다. 제8–11조의 주제는 삼위일체이며, 성부, 성자, 성령 하나님에 관하여 다룹니다. 제12–15조의 주제는 인간의 창조와 타락이며, 원죄와 전적 타락에 관하여 다룹니다. 제16–26조의 주제는 구원이며, 예수 그리스도의 속죄와 믿음으로 얻는 의로움에 관하여 다룹니다. 제27–36조의 주제는 교회와 성례이며, 참된 교회를 분별하는 방법과 국가의 역할에 관하여 다룹니다. 제37조의 주제는 최후 심판이며, 예수님의 재림에 관하여 다룹니다.

벨직 신앙고백을 배워야 하는 이유

무려 500여 년 전에 작성된 벨직 신앙고백을 오늘날에도 배워야 하는 이유는 무엇일까요? 그 이유는 다음과 같습니다.

첫째, 성경에 기초한 신앙을 가질 수 있기 때문입니다. 참된 신앙은 감정과 경험에 기초한 신앙이 아니라, 성경에 기초한 신앙입니다. 벨직 신앙고백은 철저하게 성경에 기초하여 신론, 구원론, 교회론 등을 설명합니다. 따라서 우리는 벨직 신앙고백을 통해 성경 중심의 신앙을 배울 수 있습니다.

둘째, 신앙의 본질을 회복할 수 있기 때문입니다. 현대 기독교인들은 신앙의 본질보다 인간의 감정을 더 중시하는 경향이 있습니다. 신앙의 목적조차도 하나님의 영광이 아니라, 개인의 유익에 두는 경우가 많습니다. 이에 반해 벨직 신앙고백은 하나님의 절대 주권과 은혜를 강조합니다. 따라서 우리는 벨직 신앙고백을 통해 하나님 중심의 신앙을 회복할 수 있습니다.

셋째, 교회를 하나 되게 하기 때문입니다. 네덜란드 신자들이 스페인과 로마 가톨릭교회의 박해 속에서도 하나가 될 수 있었던 것은, 벨직 신앙고백으로 하나가 되었기 때문입니다. 교회는 한 신앙고백을 함께 고백함으로써 하나가 될 수 있습니다. 이것은 오늘날에도 유효합니다.

넷째, 건강한 교회론을 가지게 하기 때문입니다. 현대인들은 크기와 규모를 가지고 교회를 판단합니다. 이에 반해 벨직 신앙고백은 복음과 성례와 권징을 기준으로 교회를 정의합니다. 따라서 우리는 벨직 신앙고백을 통해 바른 교회론을 배울 수 있고, 건강한 교회를 세워 나갈 수 있습니다.

다섯째, 우리의 믿음을 정확하게 고백할 수 있도록 도와주기 때문입니다. 현대 기독교인 중에는 자신이 무엇을 믿고 있는지, 어떤 교리를 믿고 있는지 정확하게 모르는 사람들이 많습니다. 벨직 신앙고백을 공부하면, 우리가 무엇을 믿어야 하는지, 왜 개혁주의 신앙을 가져야 하는지를 분명하게 알게 됩니다.

공부에 앞서

앞에서 서술한 것처럼 벨직 신앙고백은 하이델베르크 요리문답, 도르트 신조와 함께, 신앙의 선배들이 목숨을 걸고 지켜 낸 믿음의 고백입니다. 신앙의 본질을 회복하고, 개혁주의 신앙을 가지고 살아가기 위해서는 이러한 신앙고백서들을 배우는 일이 필수적입니다. 하이델베르크 요리문답과 도르트 신조는 널리 알려진 편이지만, 벨직 신앙고백은 아직 낯설게 생각하는 신자들이 많습니다. 부디 이 책을 통해 벨직 신앙고백과 개혁주의 신앙의 유익을 알게 되길 바랍니다.

본서에서 사용한 벨직 신앙고백 본문은 정찬도 목사님의 번역본을 주로 참고하되, 읽으면서 보다 이해하기 쉽도록 필자가 의역하고 다듬은 것입니다. 또 교회나 공동체가 합을 맞춰 읽을 수 있도록, 신앙고백 본문을 여러 개의 행으로 나누었습니다.

이 책은 총 6단계로 구성되어 있습니다. 교회나 공동체에서 이 책을 사용할 때는 아래의 방식을 따라 공부하기를 추천합니다.

단계	내용	활동 방법
1	신앙고백 본문	함께 소리 내어 읽기
2	핵심 신앙고백	여러 번 읽으면서 기억하기
3	핵심 성경 구절	신앙고백의 내용이 성경에 근거하고 있음을 확인하기
4	핵심 해설	읽고 이해하기
5	결론	반드시 알아야 할 내용을 정리하며 교훈 얻기
6	점검하기	질문에 답하면서 내용 점검하기

처음 시작하는 벨직 신앙고백

차례

벨직 신앙고백 작성자, 귀도 드 브레 이야기

귀도 드 브레가 활동하던 당시 네덜란드는 스페인의 식민지였고, 스페인의 왕은 펠리페 2세였습니다. 펠리페 2세는 로마 교황을 따르지 않는 자들을 이단으로 생각했고, 이단을 뿌리 뽑는 것을 사명으로 생각했습니다.

당시 네덜란드는 해수면보다 지면이 낮아서 '저지대'라고 불렸습니다. 사람이 살 수 없는 척박한 곳이었지요. 하지만 네덜란드 사람들은 자연에 굴복하지 않았습니다. 네덜란드 사람들은 제방과 풍차와 운하를 만들었습니다. 그리하여 쓸모없는 땅을 쓸모 있는 땅으로 탈바꿈시켰습니다. 그만큼 네덜란드 사람들은 개척 정신이 뛰어났습니다.

네덜란드 사람들은 강한 해군을 가지고 있었습니다. 그들은 유럽에서 가장 많은 선단을 가지고 아프리카와 아시아를 오가며 무역을 했습니다. 덕분에 네덜란드의 안트베르펜(Antwerpen)은 유럽에서 가장 큰 무역항이 될 수 있었습니다. 수많은 물품이 안트베르펜을 통과했는데, 그중에는 루터(Martin Luther)와 칼뱅(Jean Calvin)의 가르침을 기록한 책들도 있었습니다. 그 결과 네덜란드 사람들은 종교개혁 신앙을 가지게 되었습니다.

하지만 펠리페 2세는 종교개혁 신앙을 받아들이는 자는 사형에 처한다고 공표했습니다. 심지어 종교개혁과 관련된 모임에 참여하는 것, 종교개혁 신앙을 가진 자에게 음식과 잠자리를 제공하는 것도 처벌한다고 엄포했습니다. 그럼에도 네덜란드 사람들은 종교개혁 신앙을 포기하지 않았습니다. 그 결과 수많은 개신교 신자들이 고문을 받거나, 교수형 또는 화형으로 생을 마감했습니다. 그때 누군가가 네덜란드 개신교인들을 위해서 신앙고백서를 작성했습니다. 그가 바로, 귀도 드 브레입니다. 그가 작성한 신앙고백서는 〈벨직 신앙고백〉 또는 〈네덜란드 신앙고백〉라고 불렸습니다.

귀도 드 브레는 1522년 장 드 브레(Jean de Brès)의 네 번째 아들로 태어났습니다. 귀도 드 브레의 어머니는 아들이 예수회 신부가 되기를 원할 만큼 독실한 가톨릭 신자였습니다. 하지만 귀도 드 브레는 어머니의 소원과 달리 개혁파 목사가 되었습니다. 귀도 드 브레는 25세 어간에 종교개혁 신앙을 받아들인 것으로 알려져 있습니다. 당시 귀도 드 브레가 종교개혁 신앙을 가지고 있다는 사실이 알려지면 가족들에게 큰 해가 될 수 있었습니다. 그래서 귀도 드 브레는 회심한 후 고향을 떠나 잉글랜드로 갔습니다. 그때가 1548년이었습니다. 당시 잉글랜드는 개신교 신자인 에드워드 6세가 통치하고 있었기에 개신교 신자들에게 우호적이었습니다.

귀도 드 브레는 잉글랜드에서 4년을 지낸 후 다시 고국으로 돌아왔습니다. 고국의 동포들에게 종교개혁 신앙을 전파하기 위해서였습니다. 귀도 드 브레는 네덜란드 전역을 돌며 종교개혁 신앙을 전하는 순회 설교자가 되었으며, 스페인 국왕의 감시를 피해 가정집에서 비밀리에 예배를 드렸고, 자신들의 교회를 '장미 교회'라고 불렀습니다. 하지만 얼마 후 한 장미 교회가 발각되어 귀도 드 브레는 독일로 피신했습니다.

귀도 드 브레는 독일 프랑크푸르트(Frankfurt)에 정착했습니다. 그곳에는 유명한 종교개혁자 존 낙스(John Knox)가 있었고, 귀도 드 브레가 그토록 만나기를 염원했던 칼뱅도 잠시 머무르고 있었습니다. 귀도 드 브레는 칼뱅의 소개로 로잔에 있는 신학교에 입학했습니다. 귀도 드 브레는 그곳에서 베자(Theodorus Beza)의 제자가 되었습니다. 베자는 칼뱅을 이어 제네바 교회의 지도자가 된 사람입니다.

귀도 드 브레는 2년의 공부를 마치고, 칼뱅이 목회하고 있던 제네바(Geneva)에서 1년을 더 머물렀습니다. 그렇게 3년이 지난 후 귀도 드 브레는 '종려나무 교회'라고 불리는 비밀 교회의 목회자가 되었습니다. 당시 그의 나이는 37세였습니다. 귀도 드 브레는 그곳에서 카트린느 라몽(Catherine Ramon)이라는 여인을 만나 혼인했습니다. 이듬해 두 사람 사이에 아들이 태어났고, 귀도 드 브레는 아들에게 '이스라엘'이라는 이름을 지어 주었습니다.

귀도 드 브레는 1559년에 다시 네덜란드로 돌아왔습니다. 그는 명실상부한 네덜란드 교회의 지도자였습니다. 네덜란드 사람들은 그에게 가르침받기를 원했습니다. 이에 귀도 드 브레는 스페인 왕의 감시를 피해, 변장한 모습으로 '제롬(Jérôme)'이라는 가명을 쓰며 활동했습니다.

당시 스페인 왕은 종교개혁 신앙을 이단으로 여겼습니다. 귀도 드 브레는 개신교가 이단이 아님을 알리기 위해 자신이 작성한 〈벨직 신앙고백〉을 공개했습니다. 하지만 사태는 귀도 드 브레의 생각처럼 돌아가지 않았습니다. 당시 스페인 왕을 대신해서 네덜란드를 다스리고 있던 섭정 마가렛(Margaretha van Parma)은 〈벨직 신앙고백〉을 작성한 사람을 체포하라고 명령했습니다. 귀도 드 브레는 프랑스로 피신했고, 분노한 마가렛은 귀도 드 브레의 허수아비를 대신 화형에 처했습니다.

네덜란드를 탈출한 귀도 드 브레는 국경 근처 프랑스 마을에 자리 잡았습니다. 그곳에는 프랑스의 개신교 신자들인 위그노(Huguenot) 공동체가 있었습니다. 귀도 드 브레는 5년 동안 위그노 공동체에서 목사로 봉사하며 행복한 시간을 보냈습니다. 그러던 중 1566년 5월 네덜란드 개혁 교회의 첫 번째 총회가 열렸습니다. 귀도 드 브레도 비밀리에 총회에 참석했습니다. 바로 여기서 귀도 드 브레가 작성한 〈벨직 신앙고백〉이 개혁 교회의 표준 문서로 채택되었습니다.

그와 함께 네덜란드에 큰 변화가 찾아왔습니다. 1566년 7월 안트베르펜의 한 교회가 귀도 드 브레에게 설교를 요청했습니다. 귀도 드 브레는 목숨을 걸고 네덜란드를 방문했습니다. 그러자 수천 명의 사람들이 귀도 드 브레의 설교를 듣기 위해 모였습니다. 한 번에 8천 명의 사람들이 모이기도 했습니다. 이에 귀도 드 브레는 네덜란드에 계속 머물기로 결심했습니다. 귀도 드 브레는 네덜란드에서 정식으로 목회를 시작했고, 종교개혁 신앙은 더 널리 전파되었습니다. 그러자 수많은 사람이 종교개혁 신앙을 받아들였습니다. 당시 네덜란드를 다스리고 있던 섭정 마가렛은 이런 변화를 결코 막을 수 없었습니다. 결국 마가렛은 네덜란드인들에게 신앙의 자유를 허락했습니다.

하지만 변화의 물결은 오래 가지 못했습니다. 스페인 국왕이 네덜란드 개신교인들을 진압하기 위해 군대를 파병했기 때문입니다. 이에 개신교인들은 발랑시엔(Valenciennes)에 모여 전쟁을 준비했습니다. 귀도 드 브레는 정부와의 싸움에 반대했습니다. 하지만 다수의 의견을 따를 수밖에 없었습니다. 그러나 농기구로 무장한 농부들이 훈련된 군대를 이길 수는 없었습니다. 결국 스페인 국왕의 군대는 발랑시엔을 점령했습니다.

섭정 마가렛은 귀도 드 브레를 찾아서 교수형에 처하라고 명령했습니다. 하지만 어디서도 귀도 드 브레를 찾을 수 없었습니다. 성이 함락되기 직전에 탈출했기 때문입니다. 그러나 귀도 드 브레의 탈출은 성공적이지 못했습니다. 그는 얼마 가지 못해 붙잡혔고, 발랑시엔으로 호송되었습니다. 귀도 드 브레는 그곳에서 마지막 7주를 보냈습니다. 그동안에 개혁교회 신자들을 격려하는 편지를 썼습니다. 특히 아내에게 다음과 같은 편지를 남겼습니다.

"당신이 슬픔에 잠겨 괴로워하는 것 같아 이 편지를 씁니다. 부디 지나치게 슬퍼하지 말기를 간절히 부탁합니다. 이미 우리는 함께할 시간이 많지 않다는 것을 알고 있었습니다. 하나님께서는 은혜롭게도 우리가 7년이나 함께하게 해 주셨습니다. 우리가 더 오래 함께하기를 바라셨다면, 하나님은 얼마든지 그렇게 되도록 하셨을 것입니다. 그러나 그것은 하나님께서 원하시는 바가 아니었습니다. 이제 하나님의 뜻대로 이런 일이 일어났으니 우리는 그것을 받아들여야 합니다. … 내가 적의 수중에 우연히 떨어졌다고 생각하지 말고, 그것조차 하나님의 섭리임을 믿기 바랍니다. … 지금 내 마음은 기쁨과 평안으로 가득합니다. … 잘 있어요. 나의 사랑하는 아내, 카트린느."

놀랍게도 귀도 드 브레는 더럽고 악취 나는 감옥에서 성찬에 관한 논문을 작성했습니다. 자신이 죽은 후에도 개혁 교회 신자들이 올바른 성찬을 행하길 원했기 때문입니다. 그 분량은 무려 233쪽이나 되었다고 합니다. 드디어 1567년 5월 31일이 되었습니다. 이날은 귀도 드 브레가 교수형을 받은 날입니다. 귀도 드 브레는 동료들에게 다음과 같은 작별 인사를 남겼습니다.

"형제들이여, 저는 오늘 참된 신앙 때문에 정죄를 받아 죽습니다. 저는 행복합니다. 하나님께서 저에게 이런 명예를 주실 것이라고는 감히 상상도

하지 못했습니다."

    귀도 드 브레는 아침 6시에 발랑시엔 시청으로 호송되었습니다. 시청 광장에는 교수대가 세워져 있었고, 귀도 드 브레는 그곳에서 생을 마감했습니다. 그는 500년 전에 세상을 떠났지만, 그의 유산은 여전히 세상에 남아 있습니다. 귀도 드 브레가 남긴 〈벨직 신앙고백〉은 지금도 개혁교회 신자들에게 신앙의 표준이 되고 있습니다.

1부
하나님에 관하여

제1조
유일하신 하나님

우리는 모두 오직 한 분 하나님께서[1]

단일하고 영적인 존재이심을[2]

마음으로 믿고 입술로 고백합니다. [3]

하나님은 영원하시고, [4]

완전히 이해될 수 없으며, [5]

보이지 않으시고, [6]

변하지 않으시며, [7]

제한이 없으시고, [8]

전능하시며, [9]

---

1   신 6:4; 고전 8:4, 6; 딤전 2:5
2   요 4:24
3   롬 10:10
4   시 90:2
5   롬 11:33
6   골 1:15; 딤전 6:16
7   약 1:17
8   왕상 8:27; 렘 23:24
9   창 17:1; 마 19:26; 계 1:8

완전히 지혜롭고,[10]

의로우시며,[11]

선하시고,[12]

모든 선이 흘러나오는 원천이십니다.[13]

10 롬 16:27
11 롬 3:25-26; 9:14; 계 16:5, 7
12 마 19:17
13 약 1:17

핵심 신앙고백

(1) 우리는 하나님이 한 분이심을 믿고 고백합니다.

(2) 하나님은 영이십니다.

(3) 하나님은 영원하십니다.

(4) 하나님은 우리가 완전히 이해할 수 없는 분입니다.

(5) 하나님은 보이지 않으십니다.

(6) 하나님은 변하지 않으십니다.

(7) 하나님은 제한이 없으십니다.

(8) 하나님은 전능하십니다.

(9) 하나님은 지혜로우십니다.

(10) 하나님은 의로우십니다.

(11) 하나님은 선하십니다.

(12) 하나님은 모든 선의 원천이십니다.

핵심 성경 구절

(1) 우리 하나님 여호와는 오직 유일한 여호와이시니(신 6:4)

(2) 하나님은 영이시니(요 4:24)

(3) 영원부터 영원까지 주는 하나님이시니이다(시 90:2)

(4) 그의 판단은 헤아리지 못할 것이며 그의 길은 찾지 못할 것이로다(롬 11:33)

(5) 그는 보이지 아니하는 하나님의 형상이시요(골 1:15)

(6) 그는 변함도 없으시고 회전하는 그림자도 없으시니라(약 1:17)

(7) 하나님이 참으로 땅에 거하시리이까 하늘과 하늘들의 하늘이라도 주를 용납하지 못하겠거든 하물며 내가 건축한 이 성전이오리이까(왕상 8:27)

(8) 나는 전능한 하나님이라 너는 내 앞에서 행하여 완전하라(창 17:1)

(9) 지혜로우신 하나님께(롬 16:27)

(10) 곧 이때에 자기의 의로우심을 나타내사(롬 3:26)

(11) 예수께서 이르시되 어찌하여 선한 일을 내게 묻느냐 선한 이는 오직 한 분이시니라 네가 생명에 들어가려면 계명들을 지키라(마 19:17)

(12) 온갖 좋은 은사와 온전한 선물이 다 위로부터 빛들의 아버지께로부터 내려오나니(약 1:17)

핵심 해설

⑴ 하나님은 유일하십니다. 하나님과 같은 분은 없습니다. 따라서 하나님은 모든 영광을 홀로 받으시기에 합당합니다.

⑵ 하나님은 영이십니다. 볼 수 없고, 만질 수 없습니다. 또한 사람처럼 육체의 제한을 받지 않으시므로 어디나 계십니다.

⑶ 하나님은 영원하십니다. 처음과 끝이 없으시고, 시간을 초월하십니다.

⑷ 하나님은 사람이 완전히 이해할 수 없을 만큼 초월적인 분입니다.

⑸ 하나님은 보이지 않으십니다. 영적으로만 볼 수 있는 분입니다.

⑹ 하나님은 변하지 않으십니다. 사람처럼 쉽게 변하지 않으시므로, 계획과 뜻이 변하지 않을뿐더러 우리와 약속하신 언약을 반드시 이루십니다. 이것이 우리의 구원이 흔들리지 않는 이유입니다.

⑺ 하나님은 제한이 없으십니다. 누구도 그분을 막을 수 없고 거부할 수 없습니다.

⑻ 하나님은 전능하십니다. 불가능한 일이 없으시고, 하고자 하시는 모든 일을 행하실 수 있습니다.

⑼ 하나님은 지혜로우십니다. 그분의 지혜는 사람과 달리 무한, 영원, 불변합니다.

⑽ 하나님은 의로우십니다. 사람과 달리 하나님의 의는 무한, 영원, 불변합니다.

⑾ 하나님은 선하십니다. 사람과 달리 하나님의 선은 무한, 영원, 불변합니다.

⑿ 하나님은 모든 선의 원천이십니다. 모든 좋은 것은 하나님에게서 나옵니다.

결론

　하나님은 영이시며, 영원하시고, 보이지 않으시며, 변하지 않으시고, 제한이 없으시며, 전능하시고, 지혜로우시며, 의로우시고, 선하시며, 모든 선의 원천이십니다. 이러한 존재는 하나님 한 분밖에 없습니다. 따라서 우리는 최고의 영광을 하나님께 드려야 합니다. 가장 좋은 것을 하나님께 드려야 합니다. 우리의 인생 전체를 하나님께 드리기 위해 노력해야 합니다. 그리고 이 하나님을 더 알고 사랑해야 합니다.

점검하기

1. 하나님은 왜 모든 영광을 홀로 받기에 합당하십니까?

2. 하나님을 보거나 만질 수 있습니까?

3. 하나님의 언약이 반드시 이루어지는 이유는 무엇입니까?

제2조
하나님을 아는 방법

우리는 두 가지를 통해서 하나님을 알 수 있습니다.

첫째, 하나님의 창조와 보존과 통치입니다.

하나님께서 창조하신 세상은 우리가 볼 수 있는

가장 아름다운 책입니다.[1]

사도 바울이 말한 바와 같이(롬 1:20),

그 안에 있는 크고 작은 피조물들은

마치 수많은 글자처럼

하나님의 보이지 않는 속성들,

곧 하나님의 영원한 능력과 신성을 우리에게 알려 줍니다.

이 모든 것들은 죄를 깨닫게 하기에 충분하며,

사람들이 변명할 수 없게 합니다.

---

1   시 19:1-4

처음 시작하는 벨직 신앙고백

둘째, 하나님의 거룩하고 신적인 말씀입니다. [2]

하나님의 말씀을 통해서

하나님의 영광과 우리의 구원에 관하여

보다 분명하고 충분하게 알 수 있습니다.

---

2   시 19:7-8; 고전 1:18-21

핵심 신앙고백

(1) 우리는 두 가지를 통해서 하나님을 알 수 있습니다. 첫째, 하나님께서 창조하신 세상입니다. 이 세상은 하나님의 영광을 보여 주는 아름다운 책입니다.

(2) 둘째, 하나님의 말씀입니다. 우리는 말씀을 통해서 하나님의 영광과 우리의 구원에 관한 것을 보다 분명하고 충분하게 알 수 있습니다.

핵심 성경 구절

(1) 하늘이 하나님의 영광을 선포하고 궁창이 그의 손으로 하신 일을 나타내는도다 (시 19:1)

(2) 여호와의 율법은 완전하여 영혼을 소성시키며 여호와의 증거는 확실하여 우둔한 자를 지혜롭게 하며 여호와의 교훈은 정직하여 마음을 기쁘게 하고 여호와의 계명은 순결하여 눈을 밝게 하시도다(시 19:7-8)

핵심 해설

(1) 하나님은 창조 세계를 통해 자신을 알려 주십니다. 이것을 '자연 계시'(일반 계시)라고 합니다. 우리가 자연 만물의 아름다움과 조화로움에 감

탄하는 것은, 자연 만물에 하나님의 지혜와 능력이 담겨 있기 때문입니다. 하지만 자연 계시만으로는 하나님과 구원에 관해 충분히 알 수 없습니다. 자연 계시가 부족해서가 아니라, 사람이 부족하기 때문입니다. 타락으로 인해 사람의 마음은 자연 만물에 담긴 하나님의 지혜와 영광을 볼 수 없을 정도로 어두워졌습니다. 그러나 자연 계시는 불신앙을 핑계하지 못할 정도로는 충분합니다.

(2) 하나님은 성경을 통해 자신을 알려 주십니다. 이것을 '특별 계시'라고 합니다. 우리는 하나님의 말씀인 성경을 통해 하나님과 구원에 관하여 충분히 알 수 있습니다.

결론

하나님께서 자신을 알려 주시는 것을 '계시'라고 합니다. 계시에는 두 종류가 있습니다. 자연 계시와 특별 계시입니다. 사람이 타락하기 전에는 둘 다 하나님을 충분하게 알려 주었으나, 사람이 타락한 이후로는 특별 계시만 하나님과 구원에 관한 것을 충분하게 알려 줍니다. 따라서 우리는 특별 계시인 성경을 가까이해야 하고, 성경에 기록된 대로 하나님을 알아가야 합니다. 내 생각대로 하나님을 이해하는 것이 아니라, 성경대로 하나님을 이해해야 합니다. 내 뜻대로 사는 것이 아니라, 하나님의 뜻대로 살아야 합니다.

점검하기

1. 하나님께서 창조 세계를 통해 자신을 알리시는 것을 무엇이라고 합니까?

2. 우리는 왜 자연 계시만으로 하나님과 구원에 관해 충분히 알 수 없습니까?

3. 특별 계시란 무엇입니까?

2부
하나님의 말씀, 성경에 관하여

제3조
하나님의 말씀

우리는 이 하나님의 말씀이

사람의 뜻으로 나타내 보인 것이 아니라,

사도 베드로가 말한 바와 같이(벧후 1:21)

성령의 감동을 받은 사람들이

하나님께로부터 받아 말한 것이라고 고백합니다.

즉, 하나님은 우리와 우리의 구원을 위한 특별한 돌보심 안에서

자신의 종들인 선지자들과 사도들에게

하나님께서 계시하신 말씀을 기록하도록 명령하셨고,[1]

또한 친히 자기 손가락으로 율법의 두 돌판을 기록하셨습니다.[2]

그러므로 우리는 이 기록을 거룩하고 신적인 성경이라고 부릅니다.[3]

---

1   출 34:27; 시 102:19; 계 1:11, 19
2   출 31:18
3   딤후 3:16

핵심 신앙고백

⑴ 하나님은 성령의 감동을 받은 사람들을 통해 하나님의 말씀을 기록하셨습니다.

⑵ 하나님은 친히 자기 손가락으로 율법의 두 돌판을 기록하셨습니다.

⑶ 이 기록된 말씀을 가리켜 성경이라고 부릅니다.

핵심 성경 구절

(1) 여호와께서 모세에게 이르시되 너는 이 말들을 기록하라 내가 이 말들의 뜻대로 너와 이스라엘과 언약을 세웠음이니라 하시니라(출 34:27)

(2) 여호와께서 시내 산 위에서 모세에게 이르시기를 마치신 때에 증거판 둘을 모세에게 주시니 이는 돌판이요 하나님이 친히 쓰신 것이더라(출 31:18)

(3) 모든 성경은 하나님의 감동으로 된 것으로 교훈과 책망과 바르게 함과 의로 교육하기에 유익하니(딤후 3:16)

핵심 해설

(1) 하나님은 사람을 통해서 성경을 기록하셨습니다. 성경의 저자들은 평범한 사람이 아니라 하나님의 성령에 감동된 사람들이었습니다. 성경의 저자들은 성령의 조종을 받아 기계적으로 성경을 쓰지 않았습니다. 성령은 성경 저자들이 자신의 체험과 지식을 토대로 성경을 기록하게 하셨습니다. 이것을 '유기적 영감설'이라고 합니다.

(2) 하나님께서 친히 쓰신 말씀도 있습니다. 하나님께서 모세에게 주신 십계명이 대표적입니다.

(3) 바로 이러한 이유로, 기록된 하나님의 말씀을 성경이라고 합니다. 성경은 하나님의 말씀을 포함하고 있는 것이 아니라, 성경 전체가 하나님의 말씀입니다.

결론

하나님은 말씀이 기록되게 하셨습니다. 그 이유는 다음과 같습니다. 첫째, 하나님의 말씀이 왜곡되는 것을 방지할 수 있기 때문입니다. 둘째, 시간적, 공간적으로 멀리까지 전파될 수 있기 때문입니다. 따라서 우리는 하나님의 말씀을 듣기 위해 특별한 사람이나 특별한 장소를 찾아갈 필요가 없습니다. 성경을 펴서 읽으며, 언제 어디서나 하나님의 말씀을 들을 수 있습니다.

점검하기

1. 유기적 영감설이란 무엇입니까?

2. 하나님께서 친히 쓰신 말씀은 무엇입니까?

3. 하나님께서 말씀이 기록되게 하신 이유는 무엇입니까?

제4조
정경들

우리는 성경이 구약과 신약의 두 부분으로 되어 있으며,

이 책들은 정경이어서, 이에 대해 어떤 이의도 있을 수 없음을 믿습니다.

이 책들은 하나님의 교회에서 다음과 같이 불립니다.

구약의 책들: 창세기, 출애굽기, 레위기, 민수기, 신명기, 여호수아, 사사기, 룻기, 사무엘상하, 열왕기상하, 역대상하, 에스라, 느헤미야, 에스더, 욥기, 시편, 잠언, 전도서, 아가, 이사야, 예레미야, 애가, 에스겔, 다니엘, 호세아, 요엘, 아모스, 오바댜, 요나, 미가, 나훔, 하박국, 스바냐, 학개, 스가랴, 말라기.

신약의 책들: 마태복음, 마가복음, 누가복음, 요한복음, 사도행전, 로마서, 고린도전후서, 갈라디아서, 에베소서, 빌립보서, 골로새서, 데살로니가전후서, 디모데전후서, 디도서, 빌레몬서, 히브리서, 야고보서, 베드로전후서, 요한일서, 요한이서, 요한삼서, 유다서, 요한계시록.

핵심 신앙고백

⑴ 우리는 성경이 구약과 신약의 두 부분으로 되어 있으며, 이 책들은 정경이어서 이에 대하여 어떤 이의도 있을 수 없음을 믿습니다.

핵심 성경 구절

(1) 내가 이 두루마리의 예언의 말씀을 듣는 모든 사람에게 증언하노니 만일 누구든지 이것들 외에 더하면 하나님이 이 두루마리에 기록된 재앙들을 그에게 더하실 것이요 만일 누구든지 이 두루마리의 예언의 말씀에서 제하여 버리면 하나님이 이 두루마리에 기록된 생명나무와 및 거룩한 성에 참여함을 제하여 버리시리라(계 22:18-19)

핵심 해설

⑴ 제3조가 성경이 하나님의 말씀이라는 사실을 알려 준다면, 제4조는 어떤 책이 성경인지를 알려 줍니다. 현대인들은 잘 편집된 성경책을 가지고 있어서 어떤 책이 성경인지를 궁금해하지 않습니다. 하지만 역사적으로 어떤 책이 성경이냐 하는 것은 큰 논쟁거리였습니다. 예를 들어 우리는 66권의 책들만 정경으로 인정하지만, 로마 가톨릭교

회는 7권의 외경(마카베오 상권, 마카베오 하권, 지혜서, 집회서, 유딧서, 바룩서, 토빗서)을 더해서 73권의 책들이 정경이라고 주장합니다. 정경은 헬라어 '카논'에서 비롯된 단어이며, 카논은 권위가 부여된 기준을 뜻합니다. 2세기에 교부 오리게네스(Origenes)가 성경과 외경을 구분하기 위해 처음 사용한 것으로 알려져 있고, 3세기에 교부 아타나시우스(Athanasius)가 공인된 성경을 '정경'이라고 부르면서 널리 사용되었습니다. 구약 39권은 90년에 얌니야 회의에서 공인되었고, 신약 27권은 397년에 카르타고 회의에서 공인되었습니다.

결론

성경은 두 부분으로 구성되어 있습니다. 구약과 신약입니다. 구약은 39권이고, 신약은 27권입니다. 사도 요한은 여기서 성경을 더 추가하거나 뺄 수 없다고 말했습니다. "만일 누구든지 이것들 외에 더하면 하나님이 이 두루마리에 기록된 재앙들을 그에게 더하실 것이요 만일 누구든지 이 두루마리의 예언의 말씀에서 제하여 버리면 하나님이 이 두루마리에 기록된 생명나무와 및 거룩한 성에 참여함을 제하여 버리시리라"(계 22:18-19). 따라서 우리는 66권의 성경만이 하나님의 말씀이요 정경으로 인정합니다.

점검하기

1. 정경이 의미하는 것은 무엇입니까?

2. 개신교회의 정경과 가톨릭 교회의 정경은 어떻게 다릅니까?

3. 정경이라는 용어를 처음 사용한 사람은 누구입니까?

4. 구약 성경과 신약 성경은 언제 공인되었습니까?

제5조
성경의 권위

우리는 이 모든 책을, 그리고 오직 이 책들만을

우리의 믿음을 규정하고, 기초하고, 확증하는

거룩한 정경으로 받아들입니다.[1]

우리가 아무런 의심 없이 이 책들에 포함된 모든 내용을 믿는 것은

교회가 이 책들을 정경으로 수용하고 승인했기 때문이 아닙니다.

무엇보다 성령님께서 우리 마음 가운데서

그것들이 하나님께로부터 온 것임을 증언하시기 때문이고,[2]

또한 이 책들 안에 그 증거가 들어 있기 때문입니다.

왜냐하면 눈먼 자들이라 할지라도 거기에 예언된 모든 것들이

실현되고 있음을 알 수 있기 때문입니다.[3]

---

1 딤후 3:16-17; 살전 2:13
2 고전 12:3; 요일 4:6; 5:6b
3 신 18:21-22; 왕상 22:28; 렘 28:9; 겔 33:33

핵심 신앙고백

⑴ 우리는 이 66권의 책들만을 우리의 믿음을 기초하는 거룩한 정경으로 믿습니다.

⑵ 이는 성령님께서 이 책들이 하나님의 말씀임을 우리 마음속에서 증언하시기 때문입니다.

⑶ 이에 대한 증거는 교회의 수용과 승인이 아니라 이 책들 자체에 있습니다.

핵심 성경 구절

(1) 이러므로 우리가 하나님께 끊임없이 감사함은 너희가 우리에게 들은 바 하나님의 말씀을 받을 때에 사람의 말로 받지 아니하고 하나님의 말씀으로 받음이니 진실로 그러하도다 이 말씀이 또한 너희 믿는 자 가운데에서 역사하느니라(살전 2:13)

(2) 그러므로 내가 너희에게 알리노니 하나님의 영으로 말하는 자는 누구든지 예수를 저주할 자라 하지 아니하고 또 성령으로 아니하고는 누구든지 예수를 주시라 할 수 없느니라(고전 12:3)

(3) 네가 마음속으로 이르기를 그 말이 여호와께서 이르신 말씀인지 우리가 어떻게 알리요 하리라 만일 선지자가 있어 여호와의 이름으로 말한 일에 증험도 없고

성취함도 없으면 이는 여호와께서 말씀하신 것이 아니요 그 선지자가 제 마음 대로 한 말이니 너는 그를 두려워하지 말지니라(신 18:21-22)

핵심 해설

(1) 66권의 성경은 하나님의 말씀입니다. 따라서 우리는 66권의 성경을 믿음과 삶의 규칙으로 삼아야 합니다. 66권의 성경을 기준으로 무엇을 믿어야 할지와 무엇을 행해야 할지를 정해야 합니다.

(2) 성경이 하나님의 말씀이라는 증거는 다음과 같습니다. 첫째, 성령님의 증언입니다. 성령님은 친히 우리 마음에서 성경이 하나님의 말씀임을 깨우쳐 주십니다. 성경을 읽는 사람들은 성경에서 신적 권위를 느끼게 되는데, 이는 모두 성령님의 역사입니다. 둘째, 성경 자체입니다. 성경의 예언이 모두 이루어진 것은 성경이 하나님의 말씀이기 때문입니다. 특히 예수님에 관한 말씀이 모두 성취되었다는 점에서 성경은 하나님의 말씀입니다.

(3) 따라서 66권의 성경을 하나님의 말씀이라고 하는 것은, 교회가 이 책들을 하나님의 말씀으로 수용하고 승인했기 때문이 아닙니다. 66권의 성경은 스스로 하나님의 말씀임을 드러냅니다.

결론

우리는 성경에 철저하게 순종해야 합니다. 성경은 하나님의 말씀이기 때문입니다. 성경에 순종하는 것이 힘들고 어려울 때도 순종해야 합니다. 성경은 하나님의 말씀이기 때문입니다. 성경에 순종하는 것이 우리에게 손해가 될 때도 순종해야 합니다. 성경은 하나님의 말씀이기 때문입니다. 성경에 순종하는 것이 우리의 생명에 위협이 될 때도 순종해야 합니다. 성경은 하나님의 말씀이기 때문입니다.

점검하기

1. 성경이 하나님의 말씀이라는 증거는 무엇입니까?

2. 우리는 왜 성경에 철저하게 순종해야 합니까?

제6조
정경과 외경의 차이

우리는 이 거룩한 책들과 외경들을 구별합니다.

외경에는 에스드라3서, 에스드라4서, 토빗, 유딧,

지혜서, 집회서, 바룩, 에스더서의 부록, 아사랴의 기도,

불구덩이 속의 세 소년 찬미서, 수산나의 이야기, 벨과 용의 이야기,

므낫세의 기도, 마카베오상, 마카베오하가 있습니다.

이 외경들은 정경들과 일치하는 한,

교회가 읽고 교훈을 얻을 수 있습니다.

하지만 외경들에는 우리가 그 책의 증언을 통해

신앙과 기독교의 어떤 요점이라도 확정할 만한

능력이나 권위가 없습니다.

더욱이 외경들은 성경의 권위를 손상시킬 수 있습니다.

핵심 신앙고백

(1) 우리는 외경과 정경을 구별합니다.

(2) 외경이 정경과 일치한다면 읽고 교훈을 얻을 수 있지만, 외경은 우리
의 믿음을 확정할 수 없고 오히려 정경의 권위를 손상시킬 뿐입니다.

핵심 해설

(1) 참된 교회는 39권의 구약 성경과 27권의 신약 성경만을 하나님의 말
씀으로 고백합니다. 하지만 로마 가톨릭은 66권의 성경에 몇 권을 더
추가했습니다. 이것을 '외경'이라고 합니다.

(2) 외경은 분명한 오류들을 포함하고 있을 뿐만 아니라, 신적인 위엄도
없습니다. 외경은 히브리어로 기록된 정경들과 달리 그리스어로 기록
되었으며, 그리스 철학의 영향력이 강하게 나타납니다.

결론

외경에는 우리의 믿음을 확증하고, 행동을 규율할 만한 권위가 없습니다. 더군다나 외경을 정경처럼 여길 때, 정경의 권위가 실추될 수 있습니다. 그러므로 우리는 외경이 성경에 포함되는 것을 반대해야 합니다.

점검하기

1. 우리는 왜 외경이 성경에 포함되는 것을 반대해야 합니까?

제7조
성경의 완전성

우리는 성경이 하나님의 뜻을 충분히 담고 있으며,

인간이 구원을 얻기 위해 믿어야 하는 모든 것들을

충분히 가르치고 있음을 믿습니다.[1]

거기에는 하나님께서 우리에게 요구하시는 예배의

모든 방식이 충분히 기록되어 있습니다.

그러므로 사도라 할지라도 성경이 이미 우리에게 가르친 내용과

다르게 가르치는 것은 허락되지 않습니다.[2]

사도 바울이 말한 바와 같이,

"하늘로부터 온 천사라도" 불법입니다(갈 1:8).

하나님의 말씀에 무엇을 더하거나 빼는 것이

금지되어 있으므로(신 12:32),[3]

---

1 딤후 3:16-17; 벧전 1:10-12
2 고전 15:2; 딤전 1:3
3 신 4:2; 잠 30:6; 행 26:22; 고전 4:6; 계 22:18-19

성경의 교훈은 모든 면에서 가장 완전하고 완벽한 것임이 분명합니다.[4]

우리는 아무리 거룩한 인간의 저작물이라도,

신적인 말씀과 동등한 가치를 가진 것으로 여기지 말아야 합니다.

또한 관습, 다수의 견해, 고대의 제도, 시대와 사람들을 거쳐 전승된 것,

교회 회의들, 칙령이나 법규들도 마찬가지입니다.[5]

왜냐하면 진리는 모든 것들보다 뛰어나기 때문이고,

사람은 모두 거짓말쟁이며(시 116:11)

입김보다도 가볍기 때문입니다(시 62:9).

따라서 우리는 이 불변의 원리와 일치하지 않는 모든 것을

전적으로 거부해야 합니다.[6]

그래서 사도들은 우리에게

"오직 영들이 하나님께 속하였나 분별하라"라고 가르치며(요일 4:1),

"누구든지 이 교훈을 가지지 않고 너희에게 나아가거든

그를 집에 들이지도 말고 인사도 하지 말라"라고 가르칩니다(요이 1:10).

---

4 시 19:7; 요 15:15; 행 18:28; 행 20:27; 롬 15:4
5 막 7:7-9; 행 4:19; 골 2:8; 요일 2:19
6 신 4:5-6; 사 8:20; 고전 3:11; 엡 4:4-6; 살후 2:2; 딤후 3:14-15

핵심 신앙고백

(1) 우리는 성경이 하나님의 뜻과 구원에 필요한 지식을 충분히 담고 있음을 믿습니다.

(2) 성경은 무엇을 더하거나 빼는 것이 금지되어 있을 정도로, 모든 면에서 가장 완전합니다.

(3) 우리는 어떤 것도 성경과 동등하게 여기지 않으며, 성경과 일치하지 않는 것은 거부해야 합니다.

핵심 성경 구절

(1) 모든 성경은 하나님의 감동으로 된 것으로 교훈과 책망과 바르게 함과 의로 교육하기에 유익하니 이는 하나님의 사람으로 온전하게 하며 모든 선한 일을 행할 능력을 갖추게 하려 함이라(딤후 3:16-17)

(2) 내가 너희에게 명령하는 이 모든 말을 너희는 지켜 행하고 그것에 가감하지 말지니라(신 12:32)

(3) 누구든지 이 교훈을 가지지 않고 너희에게 나아가거든 그를 집에 들이지도 말고 인사도 하지 말라(요이 1:10)

핵심 해설

(1) 성경은 두 가지를 충분히 알려 줍니다. 첫째, 하나님의 뜻입니다(딤후 3:16-17). 둘째, 구원에 이르는 길입니다(요 20:31). 성경에 모든 지식이 기록되어 있지는 않지만, 우리가 꼭 알아야 할 하나님의 뜻과 구원에 이르는 길은 충분히 기록되어 있습니다.

(2) 만약 성경에 오류가 있다면, 성경에서 무언가를 빼야 할 것입니다. 만약 성경에 부족한 부분이 있다면, 성경에 무언가를 더해야 할 것입니다. 하지만 성경에 무언가를 더하거나 빼는 것은 금지되어 있습니다(신 12:32). 성경은 모든 면에서 가장 완전하기 때문입니다.

(3) 로마 교회는 교황의 권위와 종교 회의의 결정을 성경만큼 중요하게 여깁니다. 대표적인 것이 '마리아 무흠설'입니다. 마리아가 무죄하다는 주장은 모든 사람이 죄인이라는 성경의 증언에 어긋납니다. 하지만 로마 교회는 교황의 말이고, 종교 회의의 결정이기 때문에 진리처럼 여깁니다. 참된 교회는 다릅니다. 개인의 의견을 절대화하지 않고, 교회의 결정도 틀릴 수 있다고 믿습니다. 성경과 일치하지 않는 것은 그 어떠한 것도 거부합니다.

결론

  성경은 하나님의 뜻과 구원에 이르는 길을 충분히 설명합니다. 따라서 우리는 거룩한 삶을 살고 구원을 얻기 위해 성경을 숙고해야 합니다. 그리고 아무리 대단한 사람의 주장이라도 성경에 위배된다면 거부해야 합니다.

점검하기

1. 성경이 충분하게 알려 주는 두 가지는 무엇입니까?

2. 교회의 공식 결정에 대한 로마 가톨릭교회와 참된 교회의 차이점은 무엇입니까?

3부
하나님의 존재 방식, 삼위일체에 관하여

제8조
거룩한 삼위일체

우리는 이 진리와 이 하나님의 말씀을 따라

유일하신 한 분 하나님을 믿습니다.[1]

그분은 본질상 한 분이시며, 세 위격이시고,

그분의 비공유적 속성들에 의해 실제로, 참으로,

그리고 영원히 구별되는

성부, 성자, 성령이십니다.[2]

성부는 눈에 보이는 것과 보이지 않는 모든 것의

원인이시고, 근원이시며, 시작이십니다.[3]

성자는 말씀이시고, 지혜이시며, 성부의 형상이십니다.[4]

성령은 성부와 성자에게서 나오시는 영원한 힘과 능력이십니다.[5]

그렇다고 이 구별로써 하나님이 셋으로 나누어지는 것은 아닙니다.

---

1   고전 8:4-6
2   마 3:16-17; 28:19
3   엡 3:14-15
4   잠 8:22-31; 요 1:14; 5:17-26; 고전 1:24; 골 1:15-20; 히 1:3; 계 19:13
5   요 15:26

왜냐하면 성경이 우리에게

성부와 성자와 성령은 각자의 특성에 따라 구별되는 위격이지만,

이 세 위격은 오직 한 하나님이라고 가르치기 때문입니다.

그래서 성부는 성자가 아니고,

성자는 성부가 아니며,

성령은 성부 혹은 성자가 아닙니다.

그럼에도 불구하고 이렇게 구별된 세 위격은

서로 나뉘거나 섞이지 않습니다.

왜냐하면 성부와 성령은 우리의 살과 피를 취하지 않으셨고,

오직 성자께서만 그러하셨기 때문입니다.

성부는 성자 없이 계신 적이 없으시고[6]

성령 없이 계신 적도 없으십니다.

이 삼위는 하나의 동일 본질 안에서 영원히 동등하시기 때문입니다.

세 위격은 진리와 능력과 선함과 자비에 있어서 하나이기 때문에

처음 되신 분도, 또한 나중 되신 분도 없으십니다.

---

6   미 5:2; 요 1:1-2

핵심 신앙고백

(1) 우리는 진리의 말씀을 따라 한 분 하나님을 믿습니다.

(2) 그분은 본질상 한 분이시며, 세 위격으로 구별되는 성부, 성자, 성령 이십니다.

(3) 성부는 모든 것의 원인이시며, 근원이시고, 시작이십니다.

(4) 성자는 말씀이시고, 지혜이시며, 성부의 형상이십니다.

(5) 성령은 성부와 성자에게서 나오시는 영원한 힘과 능력이십니다.

(6) 세 위격은 진리와 능력과 선함과 자비에 있어서 하나이기 때문에 처음 되신 분도, 또한 나중 되신 분도 없으십니다.

핵심 성경 구절

(1) 그러므로 우상의 제물을 먹는 일에 대하여는 우리가 우상은 세상에 아무것도 아니며 또한 하나님은 한 분밖에 없는 줄 아노라(고전 8:4)

(2) 그러므로 너희는 가서 모든 민족을 제자로 삼아 아버지와 아들과 성령의 이름으로 세례를 베풀고(마 28:19)

(3) 이러므로 내가 하늘과 땅에 있는 각 족속에게 이름을 주신 아버지 앞에 무릎을 꿇고 비노니(엡 3:14-15)

(4) 말씀이 육신이 되어 우리 가운데 거하시매 우리가 그의 영광을 보니 아버지의

독생자의 영광이요 은혜와 진리가 충만하더라(요 1:14)

(5) 내가 아버지께로부터 너희에게 보낼 보혜사 곧 아버지께로부터 나오시는 진리
의 성령이 오실 때에 그가 나를 증언하실 것이요(요 15:26)

(6) 태초에 말씀이 계시니라 이 말씀이 하나님과 함께 계셨으니 이 말씀은 곧 하나
님이시니라 그가 태초에 하나님과 함께 계셨고(요 1:1-2)

핵심 해설

(1) 하나님은 한 분이십니다. 이것은 성경이 명백하게 증언하는 것이기에
반론의 여지가 없습니다. "이스라엘아 들으라 우리 하나님 여호와는
오직 유일한 여호와이시니"(신 6:4).

(2) 성부도 하나님이요, 성자도 하나님이요, 성령도 하나님이십니다. 그
래서 하나님은 한 분이신 동시에 세 위격으로 존재하십니다. '위격'이
라는 말은 독립된 인격체를 의미합니다. 이 내용을 흔히 '삼위일체 교
리'라고 합니다. 인간의 이성으로는 삼위일체 교리를 온전히 이해할
수 없습니다. 삼위일체 하나님은 인간의 이성을 초월하여 계시는 신
비로운 분입니다.

(3) 성부의 고유성은 창조입니다. 그래서 성부는 "하늘과 땅에 있는 각 족
속에게 이름을 주신 아버지"라고 불립니다(엡 3:14-15).

(4) 성자의 고유성은 구속입니다. '구속'은 우리 대신 십자가에서 죽으셔

서, 우리 죄를 해결하신 것을 말합니다. 성자는 우리의 구속자가 되시려고 "육신이 되어 우리 가운데" 거하셨습니다(요 1:14).

(5) 성령의 고유성은 성부와 성자로부터 나오신 것입니다(요 15:26). 그래서 성령은 하나님의 영(롬 8:9) 또는 예수의 영(행 16:7)이라고 불립니다.

(6) 성부, 성자, 성령은 영원 전부터 함께 계셨습니다. 한 하나님이시기 때문입니다. 이단들의 주장처럼 성부가 성자를 창조하신 것이 아닙니다. 성자는 태초부터 성부와 함께 계셨습니다(요 1:1).

결론

우리는 하나님이 성부, 성자, 성령으로 구별되는 것을 믿습니다. 그러나 성부, 성자, 성령이 세 신(하나님)이라고 믿지 않고 한 하나님이라고 믿습니다. 삼위일체 교리는 우리를 겸손하게 합니다. 한 하나님이 셋으로 구별된다는 것은 우리의 이성을 초월하는 '신비'이기 때문입니다. 우리는 삼위일체 교리 앞에서 다만 하나님을 찬양할 뿐입니다.

점검하기

1. 성부의 고유성은 무엇입니까?

2. 성자의 고유성은 무엇입니까?

3. 성령의 고유성은 무엇입니까?

4. 삼위일체 교리는 왜 우리를 겸손하게 합니까?

제9조
이 교리에 대한 성경의 증거

우리는 이 모든 것을 성경의 증언들로부터,[1]

그리고 삼위의 사역으로부터,

특별히 우리가 우리 자신 안에서 깨닫게 되는

삼위의 사역으로부터 압니다.

우리가 이 삼위일체 교리를 믿도록 가르치는 성경의 증거는

구약 성경의 많은 곳에서 찾을 수 있습니다.

그 구절들을 모두 열거할 필요는 없고,

몇몇 구절만 신중하게 선택하여 말하는 것만으로 충분할 것입니다.

하나님은 창세기에서

"우리의 형상을 따라 우리의 모양대로 우리가 사람을 만들고 …

 하나님이 자기 형상 곧 하나님의 형상대로 사람을 창조하시되

---

1   요 14:16; 15:26; 행 2:32-33; 롬 8:9; 갈 4:6; 딛 3:4-6; 벧전 1:2; 요일 4:13-14; 5:1-12; 유 20-21;
     계 1:4-5

남자와 여자를 창조하시고"라고 말씀하셨습니다(창 1:26-27).

또한 "보라 이 사람이 선악을 아는 일에

 우리 중 하나같이 되었으니"라고 말씀하셨습니다(창 3:22).

여기에서 "우리의 모양대로 우리가 사람을 만들고"라는 부분은

하나님 안에 하나보다 많은 신적 위격이 있음을 나타내며,

"하나님께서 창조하시고"라는 부분은

하나님이 한 분이심을 나타냅니다.

하나님께서 위격의 수에 관해서는 말씀하지 않으셨지만,

구약에서 조금 흐릿하게 보였던 것이 신약에서는 매우 선명해집니다.

우리 주님께서 요단강에서 세례를 받으실 때,

"이는 내 사랑하는 아들이요"라고 말씀하시는

성부의 음성이 들렸고(마 3:17),

성자께서는 물속에 계셨으며,

성령께서는 비둘기 모양으로 나타나셨습니다.[2]

게다가 그리스도께서는 세례를 베풀 때 사용할 문구를

이렇게 정해 주셨습니다.

"너희는 모든 민족에게 아버지와 아들과 성령의 이름으로

세례를 주라"(마 28:19).

누가복음에서는 천사 가브리엘이

---

2   마 3:16

주의 어머니 마리아에게 다음과 같이 말했습니다.

"성령이 네게 임하고 지극히 높으신 이의 능력이 너를 덮으시리니

이러므로 나실 바 거룩한 자는 하나님의 아들이라 일컬으리라"(눅 1:35).

마찬가지로 다른 곳에서도 이렇게 말합니다.

"주 예수 그리스도의 은혜와 하나님의 사랑과

성령의 교통하심이 너희 무리와 함께 있을지어다"(고후 13:13)

이 모든 구절에서 우리는

세 위격이 한 신적 본질 안에 있음을 분명히 배울 수 있습니다.

비록 이 교리는 인간의 이해를 넘어서는 것이지만,

그럼에도 우리는 이 세상에서 하나님의 말씀에 근거하여

이 교리를 믿습니다.

또한 장차 하늘에서 이 교리의 완전한 지식과 열매를

즐거이 누리게 될 것을 기대합니다.

더 나아가서,

우리는 이 삼위의 구별된 직분과

우리를 향한 각 위격의 사역들에 관하여 반드시 주목해야 합니다.

성부는 그분의 능력으로 인하여 우리의 창조주로 불리시며,

성자는 그분의 보혈로 인하여 우리의 구원자와 구속주로 불리시고,

성령은 우리 마음에 거주하심으로 인하여 우리의 성화주로 불리십니다.

이 삼위일체 교리는 사도 시대 이후로부터 오늘에 이르기까지

유대교, 이슬람교, 거짓 그리스도인들에 대항하여,

그리고 마르키온, 마니, 프락세아스, 사벨리우스, 사모사타의 바울,

아리우스 등과 같은 이단들에 대항하여

참된 교회 안에서 항상 유지되고 보존되어 왔습니다.

교부들은 그러한 자들을 정당하게 정죄했습니다.

그러므로 우리는 이 교리에 관한 세 신경인

사도신경, 니케아 신경, 그리고 아타나시우스 신경을

기꺼이 받아들입니다.

또한 이 신조들과 일치하게 교부들이 확정한 것도 받아들입니다.

제9조 이 교리에 대한 성경의 증거

핵심 신앙고백

(1) 우리는 성경의 증거로 삼위일체 교리를 믿습니다.

(2) 하나님은 "우리의 형상을 따라"라고 말씀하셨고, 우리 주님은 "아버지와 아들과 성령의 이름으로 세례를 주라"라고 말씀하셨습니다. 이 모든 구절에서 우리는 한 하나님이 세 위격으로 존재하시는 것을 분명히 배울 수 있습니다.

(3) 비록 삼위일체 교리가 인간의 이해를 넘어서지만, 그럼에도 우리는 하나님의 말씀에 근거하여 이 교리를 믿습니다. 또한 장차 하늘에서 이 교리를 완전히 이해하게 될 것이라고 기대합니다.

핵심 성경 구절

(1) 하나님이 이르시되 우리의 형상을 따라 우리의 모양대로 우리가 사람을 만들고 (창 1:26)

(2) 그러므로 너희는 가서 모든 민족을 제자로 삼아 아버지와 아들과 성령의 이름으로 세례를 베풀고(마 28:19)

(3) 우리가 지금은 거울로 보는 것같이 희미하나 그때에는 얼굴과 얼굴을 대하여 볼 것이요 지금은 내가 부분적으로 아나 그때에는 주께서 나를 아신 것같이 내가 온전히 알리라(고전 13:12)

핵심 해설

(1) 우리는 삼위일체 교리를 믿습니다. 성경이 그렇게 가르치기 때문입니다. 구약은 다음과 같이 말합니다. "우리의 형상을 따라 우리의 모양대로 우리가 사람을 만들고"(창 1:26). 우리는 이 말씀에서 하나님 안에 하나 이상의 위격이 있음을 알 수 있습니다.

(2) 신약은 더욱 구체적으로 다음과 같이 말합니다. "아버지와 아들과 성령의 이름으로 세례를 베풀고"(마 28:19). 우리는 이 말씀에서 한 하나님이 세 위격으로 존재하심을 알 수 있습니다.

(3) 이것은 인간의 이해를 넘어서는 신비입니다. 하지만 장차 하늘에서 이 신비를 다 이해하게 될 것입니다(고전 13:12).

결론

성경의 교훈을 따라, 삼위일체 교리의 핵심을 다음과 같이 정리할 수 있습니다. 첫째, 하나님은 한 분이십니다. 둘째, 하나님은 세 위격으로 존재하십니다. 셋째, 세 위격은 성부, 성자, 성령입니다. 넷째, 성부, 성자, 성령은 구별되고 독립된 인격입니다. 다섯째, 성부, 성자, 성령은 지위와 능력과 영광이 동등하십니다.

점검하기

1. 우리는 왜 삼위일체 교리를 믿습니까?

2. 우리는 언제 삼위일체 교리를 다 이해할 수 있습니까?

제10조
예수 그리스도의 신성

우리는 예수 그리스도께서 그의 신성에 있어서

영원으로부터 나신 하나님의 독생자이심을 믿습니다. [1]

그분은 만들어지거나 창조되지 않으셨습니다.

만일 창조되었다면 그분은 피조물이 되기 때문입니다.

그분은 성부와 동일한 본질이시고, 동일하게 영원하시며,

"하나님의 영광의 광채시요 그 본체의 형상"이시고(히 1:3),

모든 점에서 성부와 동등하십니다. [2]

그분은 우리의 본성을 취하셨을 때부터가 아니라

영원부터 하나님의 아들이십니다. [3]

성경의 증언들을 각각 비교할 때,

우리는 다음과 같은 가르침을 얻습니다.

1　마 17:5; 요 1:14, 18; 3:16; 14:1-14; 20:17, 31; 롬 1:4; 갈 4:4; 히 1:2; 요일 5:5, 9-12
2　요 5:18, 23; 10:30; 14:9; 20:28; 롬 9:5; 빌 2:6; 골 1:15; 딛 2:13; 히 1:3; 계 5:13
3　요 8:58; 17:5; 히 13:8

모세는 하나님께서 세상을 창조하셨다고 말하고,[4]

사도 요한은 하나님이라 불리는 말씀을 통해

모든 것이 창조되었다고 말합니다.[5]

또한 히브리서는 하나님께서

자기 아들을 통해 만물을 지으셨다고 하는데,[6]

동시에 사도 바울은 하나님께서

예수 그리스도를 통해 모든 것을 창조하셨다고 말합니다.[7]

그러므로 하나님, 말씀, 아들, 그리고 예수 그리스도라고 불리는 그분은

만물이 그분에 의해 창조되기 전에

이미 존재하셨다는 결론에 이르게 됩니다.

미가 선지자 역시 "그의 근본은 상고에,

영원에 있느니라"라고 말했습니다(미 5:2).

히브리서도 그분은 "시작한 날도 없고 생명의 끝도" 없다고

말했습니다(히 7:3).

그러므로 그분은 전능자로서

우리가 기도하고 예배하며 섬겨야 할

참되고 영원하신 전능한 하나님이십니다.

4　창 1:1
5　요 1:1-3
6　히 1:2
7　고전 8:6; 골 1:16

핵심 신앙고백

(1) 우리는 예수님이 하나님의 독생자이심을 믿습니다.

(2) 예수님은 모든 점에서 성부와 동등하십니다.

(3) 예수님은 영원부터 하나님의 아들이십니다.

(4) 예수님은 창조주이십니다.

(5) 그러므로 예수님은 우리가 기도하고 예배하며 섬겨야 할 참되고 영원하신 하나님이십니다.

핵심 성경 구절

(1) 하나님이 세상을 이처럼 사랑하사 독생자를 주셨으니 이는 그를 믿는 자마다 멸망하지 않고 영생을 얻게 하려 하심이라(요 3:16)

(2) 이는 모든 사람으로 아버지를 공경하는 것같이 아들을 공경하게 하려 하심이라 아들을 공경하지 아니하는 자는 그를 보내신 아버지도 공경하지 아니하느니라 (요 5:23)

(3) 아버지여 창세 전에 내가 아버지와 함께 가졌던 영화로써 지금도 아버지와 함께 나를 영화롭게 하옵소서(요 17:5)

(4) 이 아들을 만유의 상속자로 세우시고 또 그로 말미암아 모든 세계를 지으셨느니라(히 1:2)

(5) 이러므로 하나님이 그를 지극히 높여 모든 이름 위에 뛰어난 이름을 주사 하늘에 있는 자들과 땅에 있는 자들과 땅 아래에 있는 자들로 모든 무릎을 예수의 이름에 꿇게 하시고 모든 입으로 예수 그리스도를 주라 시인하여 하나님 아버지께 영광을 돌리게 하셨느니라(빌 2:9-11)

핵심 해설

(1) 예수님은 하나님의 아들이십니다. 사람의 아들은 사람이고, 사자의 아들은 사자이듯, 하나님의 아들이신 예수님은 하나님이십니다. 역사적으로 예수님을 하나님으로 인정하지 않는 사람들이 있었습니다. 대표적인 사람이 아리우스(Arius)입니다. 그는 예수님을 하나님의 첫 번째 피조물일 뿐, 하나님은 아니라고 주장했습니다.

(2) 하지만 우리는 예수님을 성부와 동등한 하나님으로 믿습니다. 그 이유는 다음과 같습니다. 첫째, 성부와 동등한 영광이 성자에게 돌려지기 때문입니다. 성경은 성부를 공경하듯 성자를 공경하라고 말합니다(요 5:23).

(3) 둘째, 하나님의 속성이 예수님께도 있기 때문입니다. 하나님의 속성 가운데 하나는 영원성입니다. 오직 하나님만 영원하십니다. 성경은 성자를 창세전부터 계신 영원하신 분이라고 말합니다(요 17:5).

(4) 셋째, 예수님이 창조주이시기 때문입니다. 성경은 하나님께서 세상을

창조하셨다고 말하는 동시에, 예수님께서 세상을 창조하셨다고 말합니다(히 1:2).

(5) 그러므로 우리는 예수님께 복종하고, 예수님을 예배해야 합니다.

결론

우리가 구원을 얻는 것은 예수님이 하나님이시기 때문입니다. 우리의 구원이 확실한 이유는 하나님이신 예수님께서 우리 대신 죽으셨기 때문입니다. 만약 예수님이 하나님이 아니라면, 우리의 구원은 기초부터 무너지고 맙니다. 예수님이 하나님이 아니라면, 예수님의 죽음은 보통 사람의 죽음에 지나지 않기 때문입니다. 하지만 성경은 예수님이 참하나님이라고 말합니다. 따라서 예수님은 우리의 구원자이시고, 우리가 예배하고 섬겨야 할 분이십니다.

점검하기

1. 아리우스는 예수님을 어떻게 생각했습니까?

2. 우리는 왜 예수님을 성부와 동등한 하나님으로 믿습니까?

제11조
성령의 신성

우리는 또한 성령님께서 영원부터

성부와 성자에게서 나오심을 믿고 고백합니다.

성령님은 만들어지거나 창조되거나 태어난 분이 아니십니다.

우리는 오직 성부와 성자로부터 나오신다고 말할 수 있을 뿐입니다.[1]

성령님께서는 순서에 있어서 삼위일체 가운데 제3위이시고,

본질과 위엄과 영광에 있어서 성부, 성자와 동일한 분이시며,

성경이 우리에게 가르치는 바와 같이

참되고 영원한 하나님이십니다.[2]

---

1   요 14:15-26; 15:26; 롬 8:9
2   창 1:2; 마 28:19; 행 5:3-4; 고전 2:10; 3:16; 6:11; 요일 5:6

핵심 신앙고백

(1) 우리는 성령님께서 성부로부터 나오신다는 것을 믿습니다.

(2) 우리는 성령님께서 성자로부터도 나오신다는 것을 믿습니다.

(3) 성령님은 삼위일체 가운데 세 번째 위격이십니다.

(4) 성령님은 참되고 영원한 하나님이십니다.

핵심 성경 구절

(1) 보혜사 곧 아버지께서 내 이름으로 보내실 성령 그가 너희에게 모든 것을 가르치고 내가 너희에게 말한 모든 것을 생각나게 하리라(요 14:26)

(2) 내가 아버지께로부터 너희에게 보낼 보혜사 곧 아버지께로부터 나오시는 진리의 성령이 오실 때에 그가 나를 증언하실 것이요(요 15:26)

(3) 그러므로 너희는 가서 모든 민족을 제자로 삼아 아버지와 아들과 성령의 이름으로 세례를 베풀고(마 28:19)

(4) 베드로가 이르되 아나니아야 어찌하여 사탄이 네 마음에 가득하여 네가 성령을 속이고 땅값 얼마를 감추었느냐 … 사람에게 거짓말한 것이 아니요 하나님께로다(행 5:3-4)

핵심 해설

(1) 성령님은 성부로부터 나오셨습니다(요 14:26). 우리는 성령님이 성부로 부터 나오셨다는 사실만 알 수 있을 뿐, 어떻게 나오셨는지는 알 수 없습니다. 성령님의 나오심은 신비에 싸여 있습니다. 우리는 다만 성경의 증언대로 믿을 뿐입니다.

(2) 성령님은 성자로부터도 나오셨습니다(요 15:26). 여기서 '필리오케'라는 말이 나왔습니다. 필리오케는 '아들로부터'라는 뜻입니다. 필리오케는 1054년에 동방 교회와 서방 교회가 나누어진 계기가 되었습니다. 동방 교회는 성령이 성부로부터만 나오신다고 주장했고, 서방 교회는 성령이 아들로부터도 나온다고 주장했습니다. 우리는 성경의 증언대로 서방 교회의 전통을 따르고 있습니다.

(3) 성령님께서 성부와 성자로부터 나오셨다고 해서, 성령님을 성부와 성자보다 부족한 분으로 여겨서는 안 됩니다. 성경은 성령님이 성부, 성자와 동등한 하나님이라고 말합니다(마 28:19).

(4) 성령님은 참된 하나님이십니다. 그 증거는 다음과 같습니다. 첫째, 성경이 성령님을 하나님이라고 말하기 때문입니다(행 5:3-4). 둘째, 하나님의 지혜가 성령님께 있기 때문입니다(고전 2:10). 셋째, 하나님께 합당한 영광이 성령님께 돌려지기 때문입니다(마 28:19). 넷째, 성령님께서 세상을 창조하셨기 때문입니다(창 1:1-2).

결론

　우리의 구원을 위해 성자께서 이 땅에 오셨듯, 우리의 구원을 위해 성령께서 우리 안에 오셨습니다. 우리가 하나님의 뜻을 행할 수 있는 것은 우리 안에 성령님께서 거하시기 때문입니다(롬 8:4). 우리가 거룩한 생각을 할 수 있는 것도, 우리 안에 성령님께서 거하시기 때문입니다(롬 8:6). 따라서 우리는 삼위일체 신앙을 가지고 살아야 합니다. 성부, 성자, 성령을 동등하게 높여야 합니다. 성부, 성자, 성령을 동등하게 경배해야 합니다. 성부, 성자, 성령을 동등하게 영화롭게 해야 합니다.

점검하기

1. 성령님이 참된 하나님이신 증거 네 가지는 무엇입니까?

4부
하나님의 사역, 창조와 섭리에 관하여

제12조
세상의 창조

우리는 성부께서 말씀을 통해, 즉 그분의 아들을 통해

하늘과 땅, 그리고 모든 피조물을 무에서 창조하셨고,

그것들이 성부께서 보시기에 좋았으며,[1]

성부께서 모든 피조물에게 그 존재와 모양과 형태를 주셨고,

각각의 사역과 기능을 주셔서

그의 창조주를 섬기도록 하셨다고 믿습니다.

우리는 성부께서 자신의 영원한 섭리와 무한한 능력에 따라

만물을 계속 보존하고 다스리셔서

만물이 인간을 섬기도록 하셨으며,

그리하여 궁극적으로 인간이 하나님을 섬길 수 있게 하셨다고

믿습니다.

---

1   창 1:1; 2:3; 사 40:26; 렘 32:17; 골 1:15-16; 딤전 4:3; 히 11:3; 계 4:11

하나님께서는 또한 천사들을 선하게 창조하셔셔

자신의 사자로 삼으시고,

택하신 사람들을 섬기게 하셨습니다. [2]

그 천사 중 일부는 하나님께서 창조하신 높은 지위에서 타락하여

영원한 파멸로 떨어졌으나, [3]

나머지 천사들은 하나님의 은혜로

그들이 원래 가졌던 처음 지위를 계속해서

확고하게 유지하고 있습니다.

마귀와 악한 영들은 그렇게 타락하여

하나님과 모든 선한 것들의 원수가 되었습니다. [4]

그들은 온 힘을 다해 교회와 모든 성도를 멸망케 하고,

그들의 악한 계략으로 모든 것을 파괴하기 위해

마치 살인자처럼 숨어 기다립니다. [5]

따라서 그들은 자기들의 사악함 때문에 영원한 정죄를 받아

날마다 무서운 고통을 기다리게 되었습니다. [6]

그러므로 우리는 영들과 천사들의 존재를 부인하는

---

2   시 103:20-21; 마 4:11; 히 1:14
3   요 8:44; 벧후 2:4; 유 6
4   창 3:1-5; 벧전 5:8
5   엡 6:12; 계 12:4, 13-17; 20:7-9
6   마 8:29; 25:41; 계 20:10

제12조 세상의 창조

사두개인들의 오류나,[7]

마귀는 창조된 것이 아니라 독자적인 기원을 가진 존재이며

타락한 것이 아니고 원래부터 본성이 악하다고 주장하는

마니교의 오류를 혐오하며 배격합니다.

---

7 행 23:8

핵심 신앙고백

(1) 우리는 성부께서 말씀을 통해 모든 피조물을 무에서 창조하셨다고 믿습니다.

(2) 하나님은 또한 천사들을 선하게 창조하셔서, 택하신 사람들을 섬기게 하셨습니다.

(3) 하지만 어떤 천사들은 타락하여 하나님과 모든 선한 것들의 원수가 되었으므로, 영원한 심판을 받게 될 것입니다.

핵심 성경 구절

(1) 믿음으로 모든 세계가 하나님의 말씀으로 지어진 줄을 우리가 아나니 보이는 것은 나타난 것으로 말미암아 된 것이 아니니라(히 11:3)

(2) 모든 천사들은 섬기는 영으로서 구원받을 상속자들을 위하여 섬기라고 보내심이 아니냐(히 1:14)

(3) 또 왼편에 있는 자들에게 이르시되 저주를 받은 자들아 나를 떠나 마귀와 그 사자들을 위하여 예비된 영원한 불에 들어가라(마 25:41)

핵심 해설

(1) 우리는 하나님을 창조주로 믿습니다. 하나님의 창조에는 다음과 같은 특징이 있습니다. 첫째, 하나님은 말씀으로 창조하셨습니다. "여호와의 말씀으로 하늘이 지음이 되었으며"(시 33:6). 하나님은 단지 말씀만으로 만물을 창조하실 만큼 전능한 분이십니다. 둘째, 하나님은 무(無)에서 유(有)를 창조하셨습니다. "그가 말씀하시매 이루어졌으며"(시 33:9). 하나님은 도구와 재료를 사용하지 않으시고, 단지 말씀만 하셨습니다. 셋째, 하나님은 만물을 선하게 창조하셨습니다. "하나님이 지으신 그 모든 것을 보시니 보시기에 심히 좋았더라"(창 1:31). 하나님은 결코 악을 창조하지 않으셨습니다.

(2) 하나님은 천사들도 창조하셨습니다. 천사들은 다음과 같은 일을 합니다. 첫째, 하나님을 찬양하는 일을 합니다. "서로 불러 이르되 거룩하다 거룩하다 거룩하다 만군의 여호와여 그의 영광이 온 땅에 충만하도다 하더라"(사 6:3). 둘째, 하나님의 뜻을 수행하는 일을 합니다. "그에게 수종들며 그의 뜻을 행하는 모든 천군이여"(시 103:21). 셋째, 성도들을 섬기는 일을 합니다. "모든 천사들은 섬기는 영으로서 구원받을 상속자들을 위하여 섬기라고 보내심이 아니냐"(히 1:14).

(3) 천사들 중 일부는 타락했습니다. 성경은 타락한 천사에 대해 어떻게 말할까요? 첫째, 타락한 천사들은 마지막 날에 영원한 심판을 받습니

다. "마귀와 그 사자들을 위하여 예비된 영원한 불에 들어가라"(마 25:41). 둘째, 타락한 천사들의 우두머리를 사탄 또는 마귀라고 합니다. "사탄아 물러가라"(마 4:10), "마귀에게 시험을 받으시더라"(눅 4:2). 셋째, 사탄은 하나님의 자리를 넘보는 교만의 죄를 지었습니다. "교만하여져서 마귀를 정죄하는 그 정죄에 빠질까 함이요"(딤전 3:6).

결론

사람들은 세상이 우연히 탄생했다고 믿습니다. 하지만 우리는 성경에 근거하여 하나님께서 세상을 창조하셨다고 믿습니다. 하나님은 자신의 독생자를 통하여, 아무것도 없는 가운데, 모든 것을, 선하게 창조하셨습니다. 따라서 하나님을 주인으로 믿고 따르는 것은 피조물의 당연한 도리입니다. 천사들도 하나님의 피조물입니다. 그러므로 천사들은 사람에게 있어 숭배의 대상이 아닙니다. 오히려 성경은 천사들이 사람을 섬기기 위해 창조되었다고 말합니다. 사탄도 마찬가지입니다. 사탄은 하나님과 대등한 존재가 아니라, 하나님의 피조물에 불과합니다. 사탄과 타락한 천사들은 마지막 날에 하나님께 영원한 심판을 받을 것입니다.

점검하기

1. 하나님의 창조에는 어떤 특징이 있습니까?
2. 천사들은 어떤 일을 합니까?
3. 성경은 타락한 천사에 대해 어떻게 말합니까?

제13조
하나님의 섭리

우리는 선하신 하나님께서 만물을 창조하신 후에

만물을 내버려두시거나, 운명이나 우연에 맡기지 않으시고,[1]

자신의 거룩하신 뜻에 따라서 만물을 다스리시고 통치하시기에

하나님의 명령 없이는 어떠한 일도 일어나지 않음을 믿습니다.[2]

그러나 하나님은 저질러진 죄의 조성자가 아니시며,

그 죄들의 책임이 하나님께 있는 것도 아닙니다.[3]

왜냐하면 하나님의 능력과 선하심은 지극히 위대하고

우리의 이해를 뛰어넘는 것이어서,

심지어 마귀나 악인들이 불의하게 행할 때라도

하나님은 가장 뛰어나고 공정한 방식으로

자신의 일을 정하시고 행하시기 때문입니다.[4]

---

1   요 5:17; 히 1:3
2   시 115:3; 잠 16:1, 9, 33; 21:1; 엡 1:11; 약 4:13-15
3   약 1:13; 요일 2:16
4   욥 1:21; 사 10:5; 45:7; 암 3:6; 행 2:23; 행 4:27-28

그리고 인간의 이해를 넘어서는 하나님의 일하심에 대해서는

우리의 능력에 허용된 범위를 넘어서는

호기심으로 질문해서는 안 됩니다.

오히려 최대한의 겸손과 존경심을 가지고

우리에게 감추어진 하나님의 공의로운 판단을 찬양하며,[5]

우리의 한계를 넘어서는 일 없이 오직 우리가

하나님께서 그분의 말씀에서 가르쳐 주시는 것만을 배워 가는

그리스도의 학생이라는 사실에 만족해야 합니다.[6]

이 교리는 우리에게 말할 수 없는 위로를 주는데,

그 이유는 이 교리가 어떠한 일도 우리에게 우연히 일어나지 않고,

오직 은혜로우신 우리 하늘 아버지의 뜻을 따라서 일어난다고

가르쳐 주기 때문입니다.

하나님께서는 아버지와 같은 돌보심으로 우리를 보살피시고,

모든 피조물을 하나님의 능력 아래 두시기에,

그분은 우리의 머리카락 하나까지도 다 세신바 되셨으며,

우리 아버지의 뜻이 아니면 참새 한 마리도

땅에 떨어질 수 없습니다(마 10:29-30).

---

5   왕상 22:19-23; 롬 1:28; 살후 2:11
6   신 29:29; 고전 4:6

우리가 이것을 확신하는 이유는

하나님께서 마귀들과 우리의 모든 원수들을 제어하고 계시기에

하나님의 뜻과 허락 없이는

그들이 우리를 해할 수 없음을 알기 때문입니다.[7]

그러므로 우리는 하나님께서 세상 아무것에도 상관하지 않으시고

모든 것을 우연에 맡기신다는

에피쿠로스학파의 가증스러운 오류를 배격합니다.

---

7   창 45:8; 50:20; 삼하 16:10; 롬 8:28, 38-39

핵심 신앙고백

(1) 우리는 하나님께서 만물을 다스리시고 통치하시기에, 하나님의 명령 없이는 어떠한 일도 일어나지 않음을 믿습니다.

(2) 그러나 하나님은 죄의 조성자가 아니시며, 죄의 책임자도 아니십니다.

(3) 세상의 모든 일이 우리에게 우연히 일어나지 않고, 오직 우리를 돌보시는 하나님의 뜻을 따라서 일어납니다.

(4) 하나님의 뜻이 아니면 마귀들과 원수들도 우리에게 해를 끼칠 수 없습니다.

핵심 성경 구절

(1) 모든 일을 그의 뜻의 결정대로 일하시는 이의 계획을 따라 우리가 예정을 입어 그 안에서 기업이 되었으니 이는 우리가 그리스도 안에서 전부터 바라던 그의 영광의 찬송이 되게 하려 하심이라(엡 1:11-12)

(2) 사람이 시험을 받을 때에 내가 하나님께 시험을 받는다 하지 말지니 하나님은 악에게 시험을 받지도 아니하시고 친히 아무도 시험하지 아니하시느니라(약 1:13)

(3) 참새 두 마리가 한 앗사리온에 팔리지 않느냐 그러나 너희 아버지께서 허락하지 아니하시면 그 하나도 땅에 떨어지지 아니하리라 너희에게는 머리털까지 다

세신바 되었나니(마 10:29-30)

(4) 내가 확신하노니 사망이나 생명이나 천사들이나 권세자들이나 현재 일이나 장
래 일이나 능력이나 높음이나 깊음이나 다른 어떤 피조물이라도 우리를 우리 주
그리스도 예수 안에 있는 하나님의 사랑에서 끊을 수 없으리라(롬 8:38-39)

핵심 해설

(1) 하나님은 세상을 내버려두지 않으십니다. 하나님은 세상을 보존하시
고 통치하십니다. 이것을 '섭리'라고 합니다. 따라서 하나님의 뜻과 상
관없는 일은 일어날 수 없습니다. 일어나는 모든 일은 하나님께서 섭
리하신 결과입니다. 만약 하나님께서 일하기를 멈추신다면, 다시 말
해 섭리함을 멈추신다면 세상은 즉시 소멸할 것입니다.

(2) 섭리에 관해 크게 두 가지 오해가 있습니다. 첫째, 모든 일이 하나님
께서 섭리하신 결과라면, 죄의 책임도 하나님께 있다는 오해입니다.
물론 죄조차도 하나님의 섭리와 관련된 것은 사실입니다. 하지만 하
나님께서 죄를 만드신 것은 아닙니다. 사람을 유혹한 것은 사탄이며,
사탄의 유혹에 넘어간 것은 사람입니다. 죄의 책임은 사탄과 사람에
게 있습니다. 둘째, 모든 일이 하나님의 뜻대로 이루어진다면, 사람의
노력은 무익하다는 오류입니다. 물론 사람의 행위가 하나님의 뜻을
바꿀 수는 없습니다. 하지만 하나님은 사람의 책임을 무시하지 않으

십니다. 따라서 사람의 노력에 따라 결과가 바뀌는 것도 사실이고, 모든 일이 하나님의 뜻대로 이루어지는 것도 사실입니다. 이 두 가지가 소화를 이루는 것은 우리가 이해할 수 없는 신비입니다.

(3) 섭리를 믿는 사람은 고난 중에도 견딜 수 있습니다. 고난 속에 하나님의 뜻이 있음을 믿기 때문입니다. 섭리를 믿는 사람은 형통할 때 감사할 수 있습니다. 형통케 하신 분이 하나님이심을 믿기 때문입니다. 섭리를 믿는 사람은 미래를 불안해하지 않습니다. 미래에도 하나님께서 자신을 위해 일하실 것을 믿기 때문입니다.

(4) 결정적으로, 섭리를 믿는 사람은 영적인 절망감에 빠지지 않습니다. 하나님께서 자신의 구원을 위해 일하실 것을 믿기 때문이며, 그 무엇도 하나님과 자신을 갈라놓지 못한다는 사실을 믿기 때문입니다.

결론

하나님은 만물을 다스리시고 통치하셔서, 하나님의 명령 없이는 어떠한 일도 일어나지 않게 하십니다. 이것이 바로 섭리입니다. 섭리 교리는 우리에게 큰 위로를 줍니다. 슬픈 일에도 하나님의 뜻이 있다는 사실과 하나님의 뜻이 아니라면 마귀조차 우리에게 해를 끼칠 수 없다는 사실을 가르쳐 주기 때문입니다.

점검하기

1. 섭리란 무엇이며, 섭리에 관한 두 가지 오류는 무엇입니까?
2. 섭리를 믿는 사람은 왜 고난을 견딜 수 있습니까?
3. 섭리를 믿는 사람은 왜 영적인 절망감에 빠지지 않습니까?

제14조
사람의 창조와 타락

우리는 하나님께서 인간을 땅의 흙으로 창조하셨으며,[1]

하나님의 형상과 모양대로 선하고 의롭고 거룩하게

지으셨음을 믿습니다.[2]

그렇게 하심은 인간이 모든 면에서 하나님의 뜻에 일치하도록

하시려는 것이었습니다.

그러나 인간은 영광스러운 지위에 있을 때,

그런 지위를 바르게 인식하지 못했고

자신의 탁월함을 가치 있게 여기지도 않았습니다.

인간은 사탄의 말에 귀를 기울였고

고의적으로 자기를 죄에, 결과적으로 사망과 저주에 복속시켰습니다.[3]

인간은 하나님께 받은 생명의 계명을 어기는 죄를 지었으므로,

그의 참된 생명이신 하나님으로부터 끊어졌으며,

---

1   창 2:7; 3:19; 전 12:7
2   창 1:26-27; 엡 4:24; 골 3:10
3   창 3:16-19; 롬 5:12

그의 본성이 전적으로 부패하게 되었습니다.

이 모든 죄와 부패함 때문에

인간은 육체적 죽음과 영적 죽음을 당하게 되었습니다.[4]

또 인간은 모든 면에서 악하고 패역하고 부패하게 되었으므로,

하나님으로부터 부여받은 모든 탁월한 은사들을 상실했습니다.[5]

이제 인간에게는 자기를 핑계하지 못할 정도의 작은 흔적 외에는

아무것도 남지 않게 되었습니다.[6]

우리 안에 어떤 빛이 남아 있든지,

그것은 어둠으로 바뀌어 버렸기 때문에,[7]

사도 요한은 성경에서 사람을 '어두움'이라고 불렀습니다(요 1:5).

그러므로 우리는 인간의 자유의지와 관련하여

이 가르침과 반대되는 모든 것을 배격합니다.

왜냐하면 인간은 오직 죄의 종이요(요 8:34),

하늘에서 주신 바가 아니면 아무것도 받을 수 없기 때문입니다(요 3:27).

그리스도께서 "나를 보내신 아버지께서 이끌지 아니하시면

아무도 내게 올 수 없으니"(요 6:44)라고 말씀하셨는데,

누가 스스로 선을 행할 수 있다고 자랑할 수 있겠습니까?

---

4 창 2:17; 엡 2:1; 4:18
5 시 94:11; 롬 3:10; 8:6
6 롬 1:20-21
7 엡 5:8

"육신의 생각은 하나님과 원수가 되나니"(롬 8:7)라는 말씀을 이해한다면,

누가 자신의 의지를 자랑할 수 있겠습니까?

"육에 속한 사람은 하나님의 성령의 일을 받지 아니 하나니"(고전 2:14)

라는 말씀이 있는데,

누가 자신의 지식에 대해 말하려는 용기를 가질 수 있습니까?

요컨대 "우리가 무슨 일이든지

우리에게서 난 것같이 스스로 만족할 것이 아니니

우리의 만족은 오직 하나님으로부터 나느니라"(고후 3:5)라는

말씀을 안다면,

누가 감히 자기 생각을 앞세울 수 있겠습니까?

그러므로 사도가 말한 바,

"너희 안에서 행하시는 이는 하나님이시니 자기의 기쁘신 뜻을 위하여

너희에게 소원을 두고 행하게 하시나니"(빌 2:13)라는 말씀은

분명하고도 확실하게 지켜져야 합니다.

왜냐하면 예수님께서 우리에게 "나를 떠나서는

너희가 아무것도 할 수 없음이라"(요 15:5)라고 가르치신 것처럼,

그리스도께서 주심이 없이는

하나님의 지식과 뜻에 순종할 수 없기 때문입니다.

핵심 신앙고백

⑴ 우리는 하나님께서 인간을 하나님의 형상을 따라 선하고 의롭고 거룩하게 창조하셨다고 믿습니다.

⑵ 그러나 인간은 사탄의 말에 귀를 기울이고, 고의로 범죄하여, 참된 생명이신 하나님과 단절되었으며, 그의 본성이 전적으로 부패하게 되었습니다.

⑶ 이 모든 죄와 부패함 때문에 인간은 육적 죽음과 영적 죽음을 당하게 되었습니다.

⑷ 그러므로 우리는 인간이 자유의지를 가지고 있다는 주장을 배격합니다. 이제 인간은 오직 악한 것만을 선택하는 존재가 되었습니다.

핵심 성경 구절

(1) 하나님이 이르시되 우리의 형상을 따라 우리의 모양대로 우리가 사람을 만들고 그들로 바다의 물고기와 하늘의 새와 가축과 온 땅과 땅에 기는 모든 것을 다스리게 하자 하시고(창 1:26)

(2) 그러므로 한 사람으로 말미암아 죄가 세상에 들어오고 죄로 말미암아 사망이 들어왔나니 이와 같이 모든 사람이 죄를 지었으므로 사망이 모든 사람에게 이르렀느니라(롬 5:12)

(3) 선악을 알게 하는 나무의 열매는 먹지 말라 네가 먹는 날에는 반드시 죽으리라 (창 2:17)

(4) 기록된바 의인은 없나니 하나도 없으며 깨닫는 자도 없고 하나님을 찾는 자도 없고 다 치우쳐 함께 무익하게 되고 선을 행하는 자는 없나니 하나도 없도다(롬 3:10-12)

핵심 해설

(1) 사람은 '하나님의 형상'으로 창조되었습니다(창 1:26). 사람은 하나님을 닮은 존재로 창조되었습니다. 특히 도덕적인 측면을 닮았습니다. 그래서 사람은 선하고 의롭고 거룩한 행동을 할 수 있었습니다(엡 4:24).

(2) 아담은 하나님의 말씀이 아니라 사탄의 말에 귀를 기울였습니다. 그리고 사탄의 유혹에 넘어가서 고의로 죄를 지었습니다. 그리하여 아담은 하나님의 형상을 대부분 잃어버리게 되었습니다. 성경은 그 결과를 다음과 같이 말합니다. 첫째, 하나님과의 단절입니다. 사람은 하나님과의 친밀한 관계를 잃어버렸습니다. 사람은 하나님의 사랑의 대상이 아니라 심판의 대상이 되었습니다. 둘째, 전적인 부패입니다. 사람은 스스로 구원을 이룰 수 없는 존재가 되었습니다.

(3) 죽음에는 세 종류가 있습니다. 첫째, 영적 죽음입니다. 하나님과 단절된 것을 의미합니다. 둘째, 육적 죽음입니다. 이 땅에서 목숨이 끊어

지는 것을 의미합니다. 셋째, 영원한 죽음입니다. 지옥에서 영원히 형벌 받는 것을 의미합니다.

⑷ 사람은 자유의지를 가지고 있었습니다. 자유의지란 선한 것과 악한 것 중에서 선택할 수 있는 능력을 말합니다. 하지만 타락한 이후로는 자유의지를 잃어버렸습니다. 타락한 이후로는 오직 악한 것만을 선택하게 되었습니다. "선을 행하는 자는 없나니 하나도 없도다"(롬 3:12).

결론

하나님은 사람을 땅의 흙으로 창조하셨습니다(창 2:7). 그래서 사람은 하나님 안에 있을 때는 특별하지만, 하나님 밖에 있을 때는 먼지에 지나지 않습니다. 사람이 다른 피조물과 구별되는 점은 하나님의 형상으로 창조되었다는 사실입니다. 사람은 하나님의 형상으로 창조되었기에 하나님에 관한 지식을 가지고 있었고, 의롭고 거룩한 행동을 할 수 있었습니다. 하지만 사람은 하나님의 형상을 대부분 잃어버렸습니다(요 1:5). 그래서 선과 악을 자유롭게 선택할 수 있는 '자유의지'를 상실했고, 오직 악한 것만을 선택하는 존재가 되었습니다.

점검하기

1. 아담이 죄를 지은 결과는 무엇입니까?
2. 죽음에는 어떤 것이 있습니까?
3. 자유의지란 무엇입니까?
4. 타락한 인간에게 자유의지가 있습니까?

제15조
원죄

우리는 아담의 불순종을 통해 원죄가

모든 인류에게 전가되었음을 믿습니다.[1]

원죄는 인간 본성 전체의 부패이며[2]

유전되는 악으로서,

심지어 모태에 있는 아이들에게도 전염됩니다.[3]

원죄는 인간 안에서 모든 종류의 죄를 만들어 내는 죄의 뿌리입니다.

원죄는 하나님께서 보시기에 참으로 악하고 혐오스러운 것이어서

하나님께서 인류를 정죄하실 충분한 이유가 됩니다.[4]

심지어 원죄는 세례를 통해서도 제거되거나 사라지지 않습니다.

죄는 마치 물이 샘에서 솟구쳐 나오는 것처럼,

이 무서운 근원으로부터 항상 흘러나오기 때문입니다.[5]

---

1 롬 5:12-14, 19
2 롬 3:10
3 욥 14:4; 시 51:5; 요 3:6
4 엡 2:3
5 롬 7:18-19

그러나 이 모든 사실에도 불구하고

하나님의 자녀들은 원죄를 전가받아 정죄에 이르지 않고,

오히려 하나님의 은혜와 자비로 죄 사함을 받습니다.[6]

이 말은 신자들이 자기 죄 가운데서

아무 염려 없이 살아도 된다는 뜻이 아닙니다.

오히려 이러한 부패를 깨달아 앎으로써,

이 사망의 몸에서 구원받기를 간절히 기다리며

탄식하게 된다는 뜻입니다.

이러한 점에서 우리는

죄가 다만 모방의 문제일 뿐이라고 말하는

펠라기우스파의 오류를 거부합니다.

---

6   엡 2:4-5

핵심 신앙고백

(1) 우리는 아담의 불순종 때문에 원죄가 모든 인류에게 전가되었음을 믿습니다.

(2) 원죄는 인간 본성 전체의 부패이며 모든 죄의 뿌리입니다. 심지어 세례도 원죄를 완전히 제거하지 못합니다. 그래서 우리는 이 사망의 몸에서 구원받기를 간절히 기다립니다.

핵심 성경 구절

(1) 그러므로 한 사람으로 말미암아 죄가 세상에 들어오고 죄로 말미암아 사망이 들어왔나니 이와 같이 모든 사람이 죄를 지었으므로 사망이 모든 사람에게 이르렀느니라(롬 5:12)

(2) 기록된바 의인은 없나니 하나도 없으며(롬 3:10)

핵심 해설

(1) 아담은 하나님의 형상으로 출발했습니다. 하지만 우리는 하나님의 형상이 아니라 죄인의 형상으로 출발했습니다(시 51:5). 사람은 언제부터 죄인으로 태어나게 되었을까요? 아담이 범죄한 이후부터입니다. 아

담이 범죄한 이후부터 모든 사람은 원죄를 가지고 태어납니다(롬 5:12).

(2) 원죄는 본성의 일부에만 영향을 미치지 않습니다. 원죄는 본성 전체에 영향을 미칩니다. 원죄는 사람의 생각과 말과 행동, 사람의 전인격에 영향을 미칩니다. 그래서 의인은 없습니다. 한 사람도 없습니다(롬 3:10). 이것을 '전적 부패'라고 합니다.

결론

사람은 하나님의 형상으로 창조되었습니다. 죄와 죽음이 없는 상태로 창조되었습니다. 그러나 지금은 그렇지 않습니다. 사람은 죄인으로 태어나, 죄인으로 살다가, 죄인으로 죽습니다. 아담의 죄와 타락 때문입니다. 아담의 불순종이 모든 인류에게 영향을 미쳤기 때문입니다(롬 5:12). 아담의 행동이 모든 인류에게 영향을 미치는 것은 그가 인류의 대표이기 때문입니다. 예수님이 교회의 머리이자 대표이듯, 아담은 인류의 머리이자 대표입니다. 그래서 성경은 아담의 불순종으로 죽음이, 예수님의 순종으로 생명이 들어왔다고 말합니다(롬 5:19). 아담에게 전가받은 죄를 원죄라고 부르는 이유는 크게 두 가지입니다. 첫째, 이 죄가 사람들이 행하는 모든 자범죄의 뿌리가 되기 때문입니다(마 15:19). 둘째, 이 죄가 인간 안에 원래부터 자리 잡고 있었기 때문입니다(시 51:5).

점검하기

1. 사람은 언제부터 죄인으로 태어나게 되었습니까?
2. 원죄는 본성의 어떤 부분에 영향을 미쳤습니까?
3. 아담의 죄가 왜 모든 인류에게 전가됩니까?
4. 아담에게 전가받은 죄를 우리가 원죄라고 부르는 이유는 무엇입니까?

제16조
하나님의 영원한 선택

우리는 아담의 모든 후손이

첫 사람의 범죄로 인하여 멸망과 파멸에 이르렀을 때,[1]

하나님께서 자기를 자비롭고 공의로운 분으로 나타내셨다고 믿습니다.

하나님의 자비하심은 그분의 영원하고 불변하는 경륜에 따라[2]

우리 주 예수 그리스도 안에서[3] 선택하신 사람들을[4]

그들의 행위를 고려하지 않으시고서 멸망으로부터 구원하시고

보존하여 주시는 데서 나타납니다.[5]

또한 하나님의 공의로우심은 그 밖의 다른 사람들을

그들 스스로 빠져든 타락과 멸망 가운데

그대로 버려두시는 데서 나타납니다.[6]

---

1 롬 3:12
2 요 6:37, 44; 10:29; 17:2, 9, 12; 18:9
3 요 15:16; 롬 8:29; 엡 1:4-5
4 삼상 12:22; 시 65:5; 행 13:48; 롬 9:16; 11:5; 딛 1:1
5 말 1:2-3; 롬 9:11-13; 딤후 1:9; 딛 3:4-5
6 롬 9:19-22; 벧전 2:8

핵심 신앙고백

⑴ 우리는 아담의 모든 후손이 첫 사람의 죄로 인해 멸망하게 되었음을 믿습니다.

⑵ 그러나 우리는 그때도 하나님께서 친히 자기를 자비롭고 공의로운 분으로 나타내셨음을 믿습니다. 하나님은 자신이 선택하신 사람들을 멸망에서 구원하시기 때문에 자비로우십니다.

⑶ 그리고 그분은 그 밖의 다른 사람들을 스스로 빠져든 타락과 멸망 가운데 그대로 버려두시기 때문에 공의로우십니다.

핵심 성경 구절

(1) 다 치우쳐 함께 무익하게 되고 선을 행하는 자는 없나니 하나도 없도다(롬 3:12)

(2) 곧 창세전에 그리스도 안에서 우리를 택하사 우리로 사랑 안에서 그 앞에 거룩하고 흠이 없게 하시려고 그 기쁘신 뜻대로 우리를 예정하사 예수 그리스도로 말미암아 자기의 아들들이 되게 하셨으니(엡 1:4-5)

(3) 토기장이가 진흙 한 덩이로 하나는 귀히 쓸 그릇을, 하나는 천히 쓸 그릇을 만들 권한이 없느냐 만일 하나님이 그의 진노를 보이시고 그의 능력을 알게 하고자 하사 멸하기로 준비된 진노의 그릇을 오래 참으심으로 관용하시고(롬 9:21-22)

핵심 해설

(1) 최초의 사람, 아담이 죄를 지어 타락했습니다. 아담의 타락은 개인적인 문제가 아니라, 인류 전체의 문제입니다. 아담은 모든 인류의 조상이자 대표이기 때문입니다. 아담의 범죄는 곧 인류 전체의 범죄요, 아담의 타락은 곧 인류 전체의 타락입니다. 그래서 성경은 모든 사람이 죄인이라고 말합니다(롬 3:12).

(2) 하나님은 타락한 인류에게 두 가지를 행하셨습니다. 선택과 유기입니다. 하나님은 아무 공로 없는 자들을 선택하셔서 멸망에서 구원하셨기에 자비로우십니다(엡 1:4-5).

(3) 또한 스스로 타락한 자들을 멸망 가운데 유기해 두시기에 공의로우십니다(롬 9:21-22).

결론

하나님은 창세전에 우리를 선택하셨습니다(엡 1:4). 따라서 우리의 구원은 전적으로 하나님의 은혜입니다. 하나님께서 우리를 조건 없이 선택하신 목적은 하나님의 은혜를 찬송하는 것입니다. "이는 그가 사랑하시는 자 안에서 우리에게 거저 주시는 바 그의 은혜의 영광을 찬송하게 하려는 것이라"(엡 1:6). 그러므로 우리는 하나님의 은혜를 찬송하는 삶을 살아야 합니다. 우리의 입술은 하나님의 은혜를 노래해야 하고, 우리의 삶은 은혜받은 자답게 거룩해야 합니다.

점검하기

1. 왜 아담의 타락은 개인의 문제가 아니라, 인류 전체의 문제입니까?
2. 인류가 타락한 이후에 하나님의 자비는 어떻게 드러났습니까?
3. 인류가 타락한 이후에 하나님의 공의는 어떻게 드러났습니까?

제17조
구원자의 약속

우리는 사람이 육체적이고 영적인 죽음에 스스로 빠져

완전히 비참하게 되었을 때,

선하신 우리 하나님께서

자신의 놀라운 지혜와 선하심으로

하나님을 두려워하며 도망치던 사람들을

친히 찾으셨다고 믿습니다.[1]

하나님께서는 자기 아들을 주사 여자에게서 나게 하시고(갈 4:4),

뱀의 머리를 상하게 하시며(창 3:15)

사람들에게 복 주실 것을 약속하심으로 그들을 위로하셨습니다.[2]

---

1   창 3:9
2   창 22:18; 사 7:14; 요 1:14; 5:46; 7:42; 행 13:32; 롬 1:2-3; 갈 3:16; 딤후 2:8; 히 7:14

핵심 신앙고백

⑴ 우리는 하나님께서 비참하게 되어 두려워하는 사람들을 친히 찾으셨
다고 믿습니다.

⑵ 하나님은 자기 아들을 주어 뱀의 머리를 상하게 하시며, 사람들에게
복 주시겠다고 약속하심으로 그들을 위로하셨습니다.

핵심 성경 구절

(1) 여호와 하나님이 아담을 부르시며 그에게 이르시되 네가 어디 있느냐(창 3:9)

(2) 내가 너로 여자와 원수가 되게 하고 네 후손도 여자의 후손과 원수가 되게 하리
니 여자의 후손은 네 머리를 상하게 할 것이요 너는 그의 발꿈치를 상하게 할 것
이니라 하시고(창 3:15)

핵심 해설

⑴ 하나님은 아담과 행위 언약을 맺으셨습니다. 이때 아담은 평범한 개
인이 아니었습니다. 아담은 온 인류를 대표하는 사람이었습니다. 아
담이 하나님과 언약을 맺을 때, 온 인류는 아담 안에 있었습니다. 따
라서 아담이 행위 언약에 실패해서 죽음과 비참에 처하게 되었을 때,

온 인류도 함께 죽음과 비참에 처하게 되었습니다. 하지만 하나님은 죽음과 비참에 처한 인류를 그냥 내버려두지 않으셨습니다. 친히 찾아오셨습니다(창 3:9). 그리고 은혜 언약을 맺어 주셨습니다. "여자의 후손은 네 머리를 상하게 할 것이요 너는 그의 발꿈치를 상하게 할 것이니라"(창 3:15).

(2) 은혜 언약의 핵심은 여자의 후손입니다. 아담은 여자의 후손이 누구인지 몰랐겠지만, 우리는 잘 알고 있습니다. 여자의 후손은 예수 그리스도입니다. "때가 차매 하나님이 그 아들을 보내사 여자에게서 나게 하시고"(갈 4:4). 창세기 3장 15절은 예수님을 최초로 약속한 말씀이기에 '원시 복음'이라고 합니다. 이 약속은 예수님께서 마리아의 몸에서 나심으로 성취되었습니다.

결론

　세상 사람들은 비참의 이유를 돈과 힘과 인기에서 찾습니다. 돈과 힘과 인기가 부족해서 비참하다고 생각합니다. 하지만 그런 것들은 근원적인 이유가 아닙니다. 근원적인 이유는 죄와 사망입니다. 인류가 비참한이유는 죄를 지었기 때문이고, 죄로 인해 사망이 임했기 때문입니다(롬 5:12). 따라서 우리의 참된 위로는 죄의 문제를 해결하는 데 있습니다. 죄의 문제가 해결되지 않고서는 어디에서도 참된 위로를 얻을 수 없습니다. 바로 이것이 하나님께서 독생자를 이 땅에 보내신 이유입니다. 하나님은 독생자 예수 그리스도를 통해 우리의 죄 문제를 해결하셨습니다. 그리하여 우리를 위로해 주셨습니다.

점검하기

1. 하나님께서 타락한 아담에게 약속하신 여자의 후손, 즉 구원자는 누구입니까?
2. 인간의 삶이 비참한 근원적 이유는 무엇입니까?
3. 하나님은 무엇으로 우리를 위로해 주십니까?

5부

구속자
그리스도에 관하여

제18조
하나님의 아들의 성육신

그러므로 우리는 하나님께서 그의 거룩한 선지자들의 입을 통하여

조상들에게 주신 그 약속을,[1]

하나님께서 정하신 때에[2]

하나님의 영원하신 독생자를 통해 성취하셨다고 고백합니다.

하나님의 아들은 "종의 형체를 가지사 사람들과 같이" 되셨습니다(빌 2:7).

하나님의 아들은 모든 연약함을 지닌

참된 사람의 본성을 실제로 취하셨으나,[3]

죄는 없으십니다.[4]

왜냐하면 그분은 사람의 행위가 아니라 성령의 능력으로

마리아의 모태에서 잉태되셨기 때문입니다.[5]

---

1   창 26:4; 삼하 7:12-16; 시 132:11; 눅 1:55; 행 13:23
2   갈 4:4
3   딤전 2:5; 3:16; 히 2:14
4   고후 5:21; 히 7:26; 벧전 2:22
5   마 1:18; 눅 1:35

하나님의 아들은 참된 사람이 되시기 위하여

육체만이 아니라 참된 사람의 영혼에서도 인성을 취하셨습니다.

왜냐하면 사람이 육체뿐만 아니라 영혼도 타락했기에,

둘 다 구원하시기 위해서는 둘 다를 취하셔야만 했기 때문입니다.

그러므로 우리는 그리스도께서 그의 어머니로부터

사람의 육체를 취하셨다는 사실을 부인하는 재세례파 이단에 반대하여,

그리스도께서 자녀들의 혈과 육에 함께 속하셨다고 고백합니다(히 2:14).

그리스도께서는 다윗의 허리에서 나오신 자손이시요(행 2:30),

육신으로는 다윗의 혈통에서 나셨으며(롬 1:3),

마리아의 태의 열매이시고(눅 1:42), 여자에게서 나셨으며(갈 4:4),

다윗의 가지이시고(렘 33:15), 이새의 줄기에서 나신 싹이시며(사 11:1),

유다 지파에서 나셨고(히 7:14), 유대인에게서 나셨으며(롬 9:5),

아브라함의 후손들로부터 나셨습니다.[6]

그러므로 그분은 모든 면에서 그의 형제들과 같이 되셨으나

죄는 없으십니다(히 2:16-17; 4:15).

그래서 그분은 진실로 우리의 임마누엘,

곧 "하나님이 우리와 함께 계심"입니다(마 1:23).

---

6   갈 3:16

핵심 신앙고백

(1) 우리는 하나님께서 약속하신 대로 그의 아들을 주셨다고 믿습니다.

(2) 우리는 하나님의 아들께서 성령의 능력으로 잉태되어 마리아에게서 나셨음을 믿습니다.

(3) 하나님의 아들은 인간의 모든 연약함을 지니신 진정한 사람이시지만 죄는 없으십니다.

핵심 성경 구절

(1) 하나님이 약속하신 대로 이 사람의 후손에서 이스라엘을 위하여 구주를 세우셨으니 곧 예수라(행 13:23)

(2) 예수 그리스도의 나심은 이러하니라 그의 어머니 마리아가 요셉과 약혼하고 동거하기 전에 성령으로 잉태된 것이 나타났더니(마 1:18)

(3) 하나님이 죄를 알지도 못하신 이를 우리를 대신하여 죄로 삼으신 것은 우리로 하여금 그 안에서 하나님의 의가 되게 하려 하심이라(고후 5:21)

핵심 해설

(1) 하나님은 아담이 범죄 한 직후에 은혜 언약을 말씀하셨습니다(창 3:15). 하나님은 은혜 언약에서 하나님의 아들을 구원자로 보내신다고 약속 하셨습니다. 하나님의 약속대로 예수님은 여자의 몸을 통해, 참된 사 람으로 이 세상에 오셨습니다(행 13:23).

(2) 예수님은 성령의 능력으로 처녀 마리아의 몸에 잉태되셨습니다(마 1:18). 예수님은 마리아의 배 속에 열 달 동안 계시면서, 사람의 몸과 사람의 영혼을 취하셨습니다. 그리하여 우리와 똑같은 사람이 되셨습 니다.

(3) 예수님은 우리와 똑같은 몸과 영혼을 가지셨습니다. 우리와 똑같은 몸을 가지셨기에 목마름과 배고픔을 느끼셨고, 우리와 똑같은 영혼을 가지셨기에 슬픔과 긍휼을 느끼셨습니다. 예수님은 우리와 똑같은 몸 과 영혼을 가지셨으나, 죄는 없으셨습니다(고후 5:21). 예수님은 성령 의 능력으로 잉태되셨기에 아담으로부터 내려오는 원죄가 없으셨고, 모든 율법에 순종하셨기에 자범죄도 없으셨습니다.

결론

하나님은 타락한 인간에게 은혜 언약을 약속하셨습니다. 하나님의 아들을 구원자로 보내신다고 약속하셨습니다. 사탄은 하나님의 약속을 저지하기 위해 최선을 다했습니다. 출애굽 시대에는 바로를 통해 이스라엘의 아이들을 죽임으로써 하나님의 약속을 방해했고, 1세기에는 헤롯을 통해 베들레헴의 아이들을 죽임으로써 하나님의 약속을 방해했습니다. 하지만 사탄의 방해에도 불구하고 하나님은 약속을 지키셨습니다. 이처럼 우리를 구원하신다는 하나님의 약속은 그 어떤 방해에도 불구하고 반드시 이루어집니다. 우리의 부족함과 사탄의 방해에도 불구하고 하나님은 반드시 우리를 구원하실 것입니다.

점검하기

1. 예수님은 누구의 능력으로 잉태되셨습니까?
2. 예수님은 누구로부터 사람의 몸과 영혼을 취하셨습니까?
3. 예수님은 우리와 같은 사람이 되셨지만, 우리와 달리 무엇이 없으십니까?

제19조
그리스도의 한 위격과 두 본성

우리는 이 잉태로 말미암아

예수님의 위격이 사람의 본성과 분리될 수 없게

연합되고 연결되어 있음을 믿습니다.[1]

따라서 예수님은 두 분이시거나 두 위격으로 계신 것이 아니라

두 본성이 한 위격 안에 연합되어 있으며,

각 본성은 고유의 구별된 속성을 유지하고 있습니다.

예수님은 신성에 있어서는

창조되지 않으셨고, 시작과 끝이 없으시며(히 7:3),

하늘과 땅에 충만하십니다.[2]

예수님은 인성에 있어서는 시작된 날이 있고, 창조되셨으며,

유한하시며, 실제 육신의 모든 속성을 소유하셨습니다.[3]

예수님은 부활을 통해 자신의 인성에 불멸성을 부여하셨을지라도,

---

1   요 1:14; 10:30; 롬 9:5; 빌 2:6-7
2   마 28:20
3   딤전 2:5

인성의 실체를 바꾸지는 않으셨습니다.[4]

왜냐하면 우리의 구원과 부활이

예수님의 육신의 진정성에 달려 있기 때문입니다.[5]

그러나 이 두 본성은 하나의 위격에 밀접하게 연합되어 있어서,

죽음으로도 분리되지 않습니다.

그러므로 예수님께서 죽으실 때 아버지의 손에 의탁하신 것은

그분의 몸을 떠난 참된 사람의 영혼이었습니다.[6]

그러나 예수님의 신성은 항상 그분의 인성과 연합되어 있었으며,

심지어 예수님께서 무덤에 누워 계실 때도 그러했습니다.[7]

비록 예수님이 어렸을 때는 잠시 분명하게 드러나지 않았지만,

그때도 신성이 예수님 안에 계셨던 것처럼,

신성이 예수님 안에 계시지 않은 때가 없었습니다.

그러므로 우리는 예수님이 참하나님이시며 참사람이심을 고백합니다.

예수님은 참하나님으로서 그의 능력으로 사망을 정복하셨으며,

참사람으로서 자기 육신의 연약함을 따라 우리를 위해 돌아가셨습니다.

---

4 마 26:11; 눅 24:39; 요 20:25; 행 1:3, 11; 3:21; 히 2:9
5 고전 15:21; 빌 3:21
6 마 27:50
7 롬 1:4

핵심 신앙고백

(1) 예수님은 한 위격 안에 두 본성을 가지고 있습니다.

(2) 예수님은 신성으로는 창조되지 않으셨고, 시작과 끝이 없으시며, 하늘과 땅에 충만하십니다.

(3) 예수님은 인성으로는 창조되셨으며, 유한하시며, 육신의 모든 속성을 소유하셨습니다.

핵심 성경 구절

(1) 말씀이 육신이 되어 우리 가운데 거하시매 우리가 그의 영광을 보니 아버지의 독생자의 영광이요 은혜와 진리가 충만하더라(요 1:14)

(2) 내가 너희에게 분부한 모든 것을 가르쳐 지키게 하라 볼지어다 내가 세상 끝 날까지 너희와 항상 함께 있으리라 하시니라(마 28:20)

(3) 하나님은 한 분이시요 또 하나님과 사람 사이에 중보자도 한 분이시니 곧 사람이신 그리스도 예수라(딤전 2:5)

핵심 해설

(1) 사람은 한 인격 안에 한 본성만을 가지고 있습니다. 하지만 예수님은 한 위격 안에 두 본성을 가지고 있습니다. 예수님의 두 본성은 신성과 인성입니다. 예수님은 인성으로는 우리 가운데 거하신 참사람이십니다(요 1:14). 동시에 신성으로는 하나님의 영광이 충만하신 참하나님이십니다(요 1:14). 이처럼 한 위격 안에 예수님의 신성과 인성이 연합되어 있습니다.

(2) 예수님은 제자들에게 "내가 너희와 항상 함께 있으리라"라고 약속하셨습니다(마 28:20). 이것은 예수님의 신성에 근거한 약속입니다. 예수님은 하늘과 땅에 충만하신 참하나님이시기에, 제자들과 언제 어디서나 함께하실 수 있습니다.

(3) 만약 예수님의 신성과 인성이 혼합되었다면, 예수님은 하나님도 아니고 사람도 아닐 것입니다. 하지만 예수님은 하나님이신 동시에 참사람이십니다(딤전 2:5). 예수님의 신성과 인성은 연합되어 있지만, 혼합되거나 변하지 않습니다.

결론

초대 교회 당시에는 예수님의 신성과 인성을 오해하는 사람들이 많았습니다. 어떤 사람들은 예수님을 하나님으로만 생각했고, 어떤 사람들은 예수님을 사람으로만 생각했으며, 어떤 사람들은 예수님을 반신반인 정도로 생각했습니다. 교회는 혼란을 잠재우기 위해 451년 칼케돈 공의회에서 다음과 같이 공포했습니다. "두 본성은 혼합되지 않고, 변하지 않으며, 분할되거나, 분리되지 않는다." 혼합되거나 변하지 않는다는 것은 각 본성에게 독립성과 고유성이 있음을 말합니다. 분할되거나 분리되지 않는다는 것은 두 본성의 연합되어 있음을 말합니다. 예수님의 신성과 인성은 분리될 수 없게 연합되어 있으면서도, 각각의 고유한 속성을 유지하고 있습니다. 예를 들어 참사람이신 예수님은 십자가에서 죽으실 때도 참하나님이셨습니다(마 26:53). 참하나님이신 예수님은 부활하신 후에도 여전히 참사람이셨습니다(눅 24:41).

점검하기

1. 예수님은 몇 개의 위격과 몇 개의 본성을 가지고 계십니까?
2. 예수님의 신성과 인성은 혼합되어 있습니까?

제20조
그리스도 안에 있는 하나님의 공의와 자비

우리는 완전히 자비롭고 공의로우신 하나님께서

자기 아들을 보내시어,

불순종한 인간의 본성을 취하게 하시고,[1]

그 본성을 만족케 하시어,

그의 지독한 고난과 죽음을 통해

죄에 대한 형벌을 담당케 하셨음을 믿습니다.[2]

그러므로 하나님께서는

자기 아들에게 우리의 허물을 담당케 하심으로써

자신의 공의를 나타내셨으며,[3]

죄를 범하여 멸망받은 우리에게

자신의 선하심과 자비하심을 쏟아부어 주셨습니다.

---

1 롬 8:3
2 히 2:14
3 롬 3:25-26; 8:32

하나님은 가장 완전한 사랑으로

자기 아들을 우리를 위해 죽음에 내어 주셨고,

우리를 의롭다 칭해 주시기 위해 그분을 다시 살리셨습니다. [4]

그렇게 하심은 그분을 통하여

우리가 불멸과 영생을 얻도록 하려는 것이었습니다.

---

4 롬 4:25

핵심 신앙고백

(1) 우리는 자비롭고 공의로우신 하나님께서 우리 죄를 담당케 하시기 위해 자기 아들을 보내셨다고 믿습니다.

(2) 하나님은 자기 아들에게 우리의 허물을 담당케 하셔서 하나님의 공의를 나타내셨습니다.

(3) 하나님은 우리를 의롭다 하시고 영생하게 하심으로써 하나님의 자비를 나타내셨습니다.

핵심 성경 구절

(1) 율법이 육신으로 말미암아 연약하여 할 수 없는 그것을 하나님은 하시나니 곧 죄로 말미암아 자기 아들을 죄 있는 육신의 모양으로 보내어 육신에 죄를 정하사(롬 8:3)

(2) 자기 아들을 아끼지 아니하시고 우리 모든 사람을 위하여 내주신 이가 어찌 그 아들과 함께 모든 것을 우리에게 주시지 아니하겠느냐(롬 8:32)

(3) 예수는 우리가 범죄한 것 때문에 내줌이 되고 또한 우리를 의롭다 하시기 위하여 살아나셨느니라(롬 4:25)

핵심 해설

(1) 구원의 주도권은 우리가 아니라 하나님께 있습니다. 우리가 하나님께 나아간 것이 아니라, 하나님께서 우리에게 오셨습니다. 하나님께서 친히 예수님을 우리에게 보내 주셨습니다(롬 8:3).

(2) 하나님은 예수님의 죽음을 통해 하나님의 공의를 나타내셨습니다. 만약 재판장이 형벌 없이 죄인을 사면한다면 공의가 훼손될 것입니다. 마찬가지로 하나님께서 형벌 없이 우리 죄를 용서하신다면 하나님의 공의가 훼손될 것입니다. 그래서 하나님은 독생자를 죽음에 내어 주셨습니다. 하나님은 우리 대신 독생자를 벌하셔서 하나님의 공의를 드러내셨습니다(롬 3:25-26).

(3) 하나님은 예수님의 죽음을 통해 하나님의 자비를 나타내셨습니다. 우리가 의롭게 된 것은 예수님의 죽음 때문입니다. 우리가 영생을 얻은 것도 예수님의 죽음 때문입니다. 예수님의 죽음은 하나님의 자비를 나타내는 사건입니다.

결론

하나님은 공의로운 동시에 자비로우십니다. 하나님의 공의는 죄를 벌하시는 속성을, 하나님의 자비는 죄를 용서하시는 속성을 말합니다. 하나님의 공의와 자비가 가장 분명하게 드러난 사건은 예수님의 십자가입니다. 하나님은 예수님의 죽음을 통해 하나님의 공의를 드러내셨고, 우리를 용서하신 것을 통해 하나님의 자비를 드러내셨습니다. 하나님이 공의로운 분이 아니라면, 세상은 죄로 가득한 지옥이 되었을 것입니다. 하나님이 자비로운 분이 아니라면, 예수님이 받으신 형벌을 우리가 받았을 것입니다. 하나님이 공의로운 동시에 자비로운 분이라는 사실은 우리에게 큰 은혜입니다.

점검하기

1. 구원의 주도권은 누구에게 있습니까?
2. 하나님은 예수님의 죽음을 통해 무엇을 나타내셨습니까?
3. 하나님의 공의가 사라지면 세상은 어떻게 될까요?
4. 하나님의 자비가 사라지면 우리는 어떻게 될까요?

제21조
그리스도를 통한 속죄

우리는 하나님께서 맹세로써 확증해 주신 대로

예수 그리스도가 멜기세덱의 반차를 따르는

영원한 대제사장이심을 믿습니다.[1]

그리스도께서는 우리의 위치에서

자기를 자기 아버지 앞에 내어 주셨고,

자신의 완전한 속죄를 통해 하나님의 진노를 가라앉히셨으며,[2]

자기를 십자가의 나무 위에서 드리셨고,

우리의 죄를 제거하시기 위해서 보배로운 피를 흘리셨습니다.[3]

이는 선지자들이 예언한 바와 같습니다.[4]

1   시 110:4; 히 7:15-17
2   롬 4:25; 5:8-9; 8:32; 갈 3:13; 골 2:14; 히 2:9, 17; 9:11-15
3   행 2:23; 빌 2:8; 딤전 1:15; 히 9:22; 벧전 1:18-19; 요일 1:7; 계 7:14
4   눅 24:25-27; 롬 3:21; 고전 15:3

선지자들은 다음과 같이 기록했습니다.

"그가 징계를 받으므로 우리는 평화를 누리고

그가 채찍에 맞으므로 우리는 나음을 받았도다"(사 53:5), [5]

"그는 도수장으로 끌려가는 어린 양과 같았도다"(사 53:7),

"그는 범죄자 중 하나로 헤아림을 입었도다"(사 53:12). [6]

그분은 본디오 빌라도에 의해 범죄자로 정죄되었는데,

사실 빌라도는 처음에 그분이 무죄하다고 선언했습니다. [7]

그분은 "취하지 아니한 것도 물어 주게" 되었고(시 69:4),

"의인으로서 불의한 자를 대신"하여 죽으셨습니다(벧전 3:18). [8]

그분은 우리의 죄로 인한 끔찍한 심판을 느끼시면서

몸과 영혼으로 고난을 받으셨고, [9]

그분의 땀은 땅에 떨어지는 핏방울과 같았습니다(눅 22:44).

마지막으로 그분은 "나의 하나님, 나의 하나님,

어찌하여 나를 버리셨나이까?"라고 부르짖으셨습니다(마 27:46).

그분은 우리의 죄를 용서해 주시려고

이 모든 것을 견디셨습니다.

---

5   벧전 2:24
6   막 15:28
7   요 18:38
8   롬 5:6
9   시 22:16

그러므로 우리는 바울 사도처럼,

예수 그리스도와 그의 십자가에 못 박히신 것 외에는

아무것도 알지 않는다고 말하는 것이 옳습니다(고전 2:2).

우리는 우리 주 예수 그리스도를 아는 지식이 가장 고상함을 인하여

다른 모든 것을 해로 여깁니다(빌 3:8).

우리는 그리스도의 상처에서 모든 위로를 얻으며,

단번에 드려진 이 유일한 희생 제사,

곧 신자를 영원히 완전하게 하는 이 제사 외에

하나님과 화해할 수 있는 어떤 다른 방법을 찾거나

만들려고 할 필요가 없습니다.[10]

이것이 또한 하나님의 천사가 그분을

예수라고 부른 이유이기도 합니다.

왜냐하면 그분이

"자기 백성을 그들의 죄에서 구원할 자"이시기 때문입니다(마 1:21).[11]

---

10   히 7:26-28; 9:24-28
11   눅 1:31; 행 4:12

핵심 신앙고백

(1) 우리는 그리스도께서 멜기세덱의 반차를 따르는 영원한 대제사장이 심을 믿습니다.

(2) 그리스도는 완전한 속죄로 하나님의 진노를 가라앉히셨습니다.

(3) 그분은 우리의 죄를 제거하기 위해 십자가에서 보배로운 피를 흘리셨습니다.

(4) 우리는 그리스도의 상처에서 모든 위로를 얻으며, 그리스도의 유일한 희생 제사를 통해 하나님과 화해합니다.

(5) 바로 이것이 천사가 그리스도를 예수라고 부른 이유입니다. 예수란 "자기 백성을 그들의 죄에서 구원할 자"라는 뜻입니다.

핵심 성경 구절

(1) 우리 주께서는 유다로부터 나신 것이 분명하도다 이 지파에는 모세가 제사장들에 관하여 말한 것이 하나도 없고 멜기세덱과 같은 별다른 한 제사장이 일어난 것을 보니 더욱 분명하도다(히 7:14-15)

(2) 우리가 아직 죄인 되었을 때에 그리스도께서 우리를 위하여 죽으심으로 하나님께서 우리에 대한 자기의 사랑을 확증하셨느니라 그러면 이제 우리가 그의 피로 말미암아 의롭다 하심을 받았으니 더욱 그로 말미암아 진노하심에서 구원을

받을 것이니(롬 5:8-9)

(3) 너희가 알거니와 너희 조상이 물려 준 헛된 행실에서 대속함을 받은 것은 은이나 금같이 없어질 것으로 된 것이 아니요 오직 흠 없고 점 없는 어린 양 같은 그리스도의 보배로운 피로 된 것이니라(벧전 1:18-19)

(4) 이와 같이 그리스도도 많은 사람의 죄를 담당하시려고 단번에 드리신 바 되셨고(히 9:28)

(5) 아들을 낳으리니 이름을 예수라 하라 이는 그가 자기 백성을 그들의 죄에서 구원할 자이심이라 하니라(마 1:21)

핵심 해설

(1) 원래는 레위 지파 중에서도 아론의 후손만 제사장이 될 수 있습니다. 하지만 예외가 있습니다. 멜기세덱입니다. 멜기세덱은 아론의 후손이 아니지만 제사장이었습니다. 그런 점에서 유다 지파 출신인 예수님은 멜기세덱의 반차를 따르는 대제사장입니다.

(2) 제사장은 희생 제사를 통해 백성의 죄를 해결하는 일을 했습니다. 예수님도 마찬가지입니다. 예수님은 십자가에서 자신의 몸으로 희생 제사를 드리셨습니다. 이것은 구약 성경에 이미 기록된 일입니다. 이사야 선지자는 예수님께서 징계를 받으시므로 우리가 하나님과 평화를 누릴 것이라고 예언했습니다(사 53:5).

(3) 예수님은 우리 대신 십자가에서 하나님의 징계를 받으셨습니다. 그 고통이 얼마나 심했던지, 예수님은 "나의 하나님, 나의 하나님, 어찌하여 나를 버리셨나이까?"라고 부르짖기까지 하셨습니다.

(4) 성경은 예수님의 희생 제사가 단 한 번으로 충분하다고 말합니다(히 9:28). 예수님의 속죄 사역은 완전하고 충분하다는 뜻입니다. 따라서 우리가 해결해야 할 죗값은 더 이상 존재하지 않습니다. 예수님은 우리의 모든 죄를 해결하셨습니다. 이제 우리는 하나님의 저주와 심판을 두려워할 필요가 없습니다. 바로 이것이 우리의 위로입니다.

(5) 또한 이것이 성자 하나님께서 이 땅에 오셔서 '예수'라는 이름을 취하신 이유입니다. 예수는 "자기 백성을 그들의 죄에서 구원할 자"라는 뜻입니다.

결론

하나님의 아들께서 우리를 대신해 죽으셨습니다. 하나님의 아들께서 우리 죄를 뒤집어쓰시고 죽으셨습니다. 하나님의 아들께서 우리 대신 저주를 받으셨습니다. 따라서 우리의 죄는 모두 해결되었습니다. 우리의 구원은 완전합니다. 우리는 예수님의 사역에 다른 무언가를 더할 필요가 없습니다. 그러므로 우리는 하나님의 아들을 향해 '예수'라고 고백해야 마땅합니다.

점검하기

1. 원래는 어떤 지파만 제사장이 될 수 있었습니까?
2. 레위 지파 외에도 제사장이 된 사례가 있습니까?
3. 예수님은 무엇으로 희생 제사를 드리셨습니까?
4. 성자 하나님께서 취하신 '예수'라는 이름의 뜻은 무엇입니까?

6부
구원 얻는
신앙에 관하여

제22조
그리스도를 믿는 믿음을 통한 속죄

우리는 성령님께서 우리로 하여금

이 위대한 신비에 대한 참된 지식을 얻게 하시려고

우리 마음속에 참된 믿음을 불러일으키신다고 믿습니다.[1]

이 믿음은 예수 그리스도를 그분의 모든 공로와 함께 받아들이고,

그분을 우리의 소유로 만들며,

그분 외에 다른 어떤 것도 구하지 않는 것입니다.[2]

왜냐하면 우리의 구원에 필요한 모든 것이 그리스도 안에 없든지,

아니면 모든 것이 그리스도 안에 있어서

믿음으로 그리스도를 소유한 자들이 완전한 구원을 얻든지,

둘 중 하나만 사실이기 때문입니다.[3]

그러므로 그리스도만으로 충분하지 않고

그분 외에 다른 무엇이 더 필요하다고 주장하는 것은

1   요 16:14; 고전 2:12; 엡 1:17-18
2   요 14:6; 행 4:12; 갈 2:21
3   시 32:1; 마 1:21; 눅 1:77; 행 13:38-39; 롬 8:1

엄청난 신성 모독입니다.

왜냐하면 그로 인해 그리스도는

결국 반쪽짜리 구원자가 되기 때문입니다.

그러므로 우리는 사도 바울이 말한 것처럼,

"사람이 의롭다 하심을 얻는 것은 율법의 행위에 있지 않고

믿음으로" 된다고 분명하게 말합니다(롬 3:28).[4]

그러나 엄격히 말하자면 믿음 자체가

 우리를 의롭게 한다는 뜻은 아닙니다.[5]

믿음은 그리스도를 우리의 의로 받아들이는 수단일 뿐이기 때문입니다.

그리스도께서는 자신이 우리를 위해, 그리고 우리를 대신하여 행하신

자신의 모든 공로와 모든 거룩한 일들을 우리에게 전가해 주십니다.[6]

그러므로 그리스도가 우리의 의이시고,

우리의 믿음은 우리가 그리스도와 연합하고

그리스도의 모든 유익과 선물에 참여하는 수단입니다.

그러한 은덕들이 우리의 소유가 되면,

그것들은 우리의 죄를 넉넉히 용서하고도 남습니다.

---

4   롬 3:19-4:8; 10:4-11; 갈 2:16; 빌 3:9; 딛 3:5
5   고전 4:7
6   렘 23:6; 마 20:28; 롬 8:33; 고전 1:30-31; 고후 5:21; 요일 4:10

핵심 신앙고백

(1) 우리는 성령님께서 우리 마음속에 믿음을 불러일으키신다고 믿습니다.

(2) 이 믿음은 예수 그리스도를 그분의 모든 공로와 함께 받아들이는 것입니다.

(3) 우리는 사도 바울이 말한 것처럼, 오직 믿음으로 의롭다 하심을 얻는다고 말합니다.

(4) 이 믿음으로 그리스도의 의가 우리에게 전가됩니다.

핵심 성경 구절

(1) 우리가 세상의 영을 받지 아니하고 오직 하나님으로부터 온 영을 받았으니 이는 우리로 하여금 하나님께서 우리에게 은혜로 주신 것들을 알게 하려 하심이라(고전 2:12)

(2) 예수께서 이르시되 내가 곧 길이요 진리요 생명이니 나로 말미암지 않고는 아버지께로 올 자가 없느니라(요 14:6)

(3) 그러므로 사람이 의롭다 하심을 얻는 것은 율법의 행위에 있지 않고 믿음으로 되는 줄 우리가 인정하노라(롬 3:28)

(4) 하나님이 죄를 알지도 못하신 이를 우리를 대신하여 죄로 삼으신 것은 우리로 하여금 그 안에서 하나님의 의가 되게 하려 하심이라(고후 5:21)

핵심 해설

(1) 예수님의 십자가에는 모든 사람을 구원할 능력이 있습니다. 하지만 모든 사람이 구원을 얻는 것은 아닙니다. 오직 예수님을 믿는 사람만 구원을 얻습니다. 그렇다면 누가 예수님을 믿을 수 있을까요? 성령님께서 함께하시는 사람입니다(고전 2:12). 우리가 예수님을 믿을 수 있었던 것은 우리가 다른 사람보다 특별하기 때문이 아닙니다. 성령님께서 우리 마음속에 거하시면서, 우리에게 믿음을 주셨기 때문입니다.

(2) 그렇다면 구원 얻는 믿음은 무엇일까요? 구원 얻는 믿음은 예수님을 구원자로 받아들이는 믿음입니다(요 14:6). 예수님이 하나님이심을, 예수님께서 나의 죄를 대신하여 십자가에서 죽으셨음을, 예수님을 통해서만 하나님의 진노와 저주에서 벗어날 수 있음을 믿는 것입니다.

(3) 구원을 위해서 믿음 외에 다른 것이 필요하지 않습니다. (구원받은 이후에는 거룩한 행위가 뒤따라야 하지만) 우리는 행위가 아니라 믿음으로 의롭다 하심을 얻습니다(롬 3:28).

(4) 믿음만으로 충분한 이유는 믿음을 통해 예수님의 의가 전달되기 때문입니다. 믿음은 통로와 같습니다. 믿음이라는 통로를 통해 우리의 죄는 예수님께 전가되고, 예수님의 의는 우리에게 전가됩니다(고후 5:21). 하나님은 우리에게 전가된 예수님의 의를 보시고서 우리를 의롭다고 인정해 주십니다.

결론

　하나님 앞에서 의로운 사람으로 인정받으려면, 두 가지 문제를 해결해야 합니다. 율법의 문제와 죄의 문제입니다. 율법의 문제를 해결하기 위해서는 순종해야 하고, 죄의 문제를 해결하기 위해서는 죽음의 형벌을 받아야 합니다. 하지만 타락한 인간은 스스로의 능력으로 이 문제들을 해결할 수 없습니다. 그래서 하나님은 우리에게 예수님을 보내 주셨습니다. 예수님은 우리 대신 율법에 순종하셨고, 우리 대신 죽음의 형벌을 받으셨습니다. 우리가 예수님을 믿을 때, 하나님은 예수님의 순종을 우리의 순종으로, 예수님의 죽음을 우리의 죽음으로 여겨 주십니다. 따라서 우리가 의롭게 된 것은 '오직 예수' 때문입니다. 우리가 예수님의 공로를 전가받은 것은 '오직 믿음' 때문입니다.

점검하기

1. 누가 예수님을 믿을 수 있습니까?
2. 구원 얻는 믿음이란 무엇입니까?
3. 구원을 위해서 믿음 외에 추가로 필요한 것이 있습니까?
4. 믿음만으로 충분한 이유는 무엇입니까?

제23조
하나님 앞에서 우리의 의

우리는 우리의 행복이

예수 그리스도로 말미암아 우리의 죄가 용서받은

그 사실에 있음을 믿으며,

바로 거기에 하나님 앞에 설 수 있는 우리의 의도 있다고 믿습니다. [1]

이것은 다윗과 바울이 가르친 내용입니다.

그들은 "일한 것이 없이 하나님께 의로 여기심을 받는 사람의

복에 대하여"(롬 4:6; 시 32:1) 선언합니다.

또한 바울 사도는

우리가 "그리스도 예수 안에 있는 속량으로 말미암아 하나님의 은혜로

값없이 의롭다 하심을 얻은 자 되었느니라"(롬 3:24)라고 말합니다. [2]

그러므로 우리는 항상 이 확고한 근거를 붙들어야 합니다.

---

1   요 2:1
2   고후 5:18; 엡 2:8; 딤전 2:6

우리는 하나님께 모든 영광을 돌려야 하고,[3]

하나님 앞에서 스스로 겸손해야 하며,

우리가 어떤 존재인지를 스스로 깨달아야 합니다.

우리는 그 어떤 것도 우리의 것으로 돌리거나

우리의 공로로 주장해서는 안 되며,[4]

오직 십자가에 못 박히신 예수 그리스도의 순종만을

신뢰하고 의지해야 합니다.[5]

우리가 그리스도를 믿을 때 그분의 순종은 우리의 것이 됩니다.[6]

그분의 순종은 우리의 모든 허물을 덮어 주고,

우리를 하나님께 가까이 가도록 확신을 주며,

우리의 양심을 두려움과 공포와 불안에서 자유롭게 하기에 충분합니다.

그러하기에 우리는 두려워 떨면서 숨으려 했고

무화과나무 잎으로 자기를 가리려 했던

우리의 첫 조상 아담의 본보기를 따르지 않습니다.[7]

참으로 우리가 하나님 앞에 서야 할 때

우리가 조금이라도 우리 자신을 의지하거나

---

3   시 115:1; 계 7:10-12
4   고전 4:4; 약 2:10
5   행 4:12; 히 10:20
6   롬 4:23-25
7   창 3:7; 습 3:11; 히 4:16; 요일 4:17-19

혹은 다른 피조물을 의지한다면,

우리는 소멸되고 말 것입니다.[8]

그러므로 누구든지 다윗처럼 기도해야 합니다.

"주의 종에게 심판을 행하지 마소서

주의 눈앞에는 의로운 인생이 하나도 없나이다"(시 143:2).

---

8   눅 16:15; 빌 3:4-9

핵심 신앙고백

(1) 우리는 예수님 덕분에 하나님 앞에 설 수 있으며, 바로 이것이 우리의 행복임을 믿습니다.

(2) 우리는 예수 안에 있는 속량으로 말미암아 하나님의 은혜로 값없이 의롭다 하심을 얻었습니다.

(3) 그러므로 우리는 하나님께 모든 영광을 돌려야 합니다.

(4) 그 어떤 것도 우리의 것으로 돌리거나 우리의 공로로 주장해서는 안 됩니다.

(5) 오직 십자가에 못 박히신 예수 그리스도의 순종만을 신뢰하고 의지해야 합니다.

핵심 성경 구절

(1) 나의 자녀들아 내가 이것을 너희에게 씀은 너희로 죄를 범하지 않게 하려 함이라 만일 누가 죄를 범하여도 아버지 앞에서 우리에게 대언자가 있으니 곧 의로우신 예수 그리스도시라(요일 2:1)

(2) 그리스도 예수 안에 있는 속량으로 말미암아 하나님의 은혜로 값 없이 의롭다 하심을 얻은 자 되었느니라(롬 3:24)

(3) 여호와여 영광을 우리에게 돌리지 마옵소서 우리에게 돌리지 마옵소서 오직 주

는 인자하시고 진실하시므로 주의 이름에만 영광을 돌리소서(시 115:1)

(4) 내가 자책할 아무것도 깨닫지 못하나 이로 말미암아 의롭다 함을 얻지 못하노라 다만 나를 심판하실 이는 주시니라(고전 4:4)

(5) 다른 이로써는 구원을 받을 수 없나니 천하 사람 중에 구원을 받을 만한 다른 이름을 우리에게 주신 일이 없음이라 하였더라(행 4:12)

핵심 해설

(1) 모든 사람은 죄인으로 태어나 죄인으로 살아갑니다. 하나님은 죄인에게 진노하시기에 아무도 하나님 앞에 설 수 없습니다. 그래서 모든 사람은 불행한 존재입니다. 하지만 우리는 행복한 사람입니다. 예수님 덕분에 하나님 앞에 설 수 있기 때문입니다(요일 2:1).

(2) 우리가 하나님 앞에 설 수 있는 것은 하나님께서 우리를 의롭게 여기시기 때문입니다. 하나님께서 우리를 의롭게 여기시는 것은 "예수 안에 있는 속량" 때문입니다(롬 3:23). 예수님께서 우리 대신 율법에 순종하시고, 우리 대신 죽음의 형벌을 받으셨기 때문입니다.

(3) 그러므로 우리는 다음과 같이 살아야 합니다. 첫째, 하나님께만 모든 영광을 돌려야 합니다(시 115:1). 우리의 구원이 전적으로 하나님의 은혜임을 고백해야 합니다.

(4) 둘째, 그 어떤 것도 우리 공로로 주장하지 말아야 합니다. 하나님께서

우리를 의롭게 여기실 근거가 조금이라도 우리에게 있다고 생각하지 말아야 합니다.

⑸ 셋째, 오직 예수님만을 의지해야 합니다. 하나님께서 우리를 의롭게 여기시는 근거가 예수님께 있음을 굳게 믿어야 합니다.

결론

우리가 실제로 의로워서 하나님이 우리를 의롭게 여기시는 것이 아닙니다. 우리가 실제로 의롭지 않음에도 하나님은 우리를 의롭게 여기십니다. 그 이유는 예수님 때문입니다. 예수님이 우리를 위해 행하신 일들 때문에 하나님은 우리를 의롭게 여기십니다. 그러므로 우리는 조금도 우리 자신을 자랑해서는 안 됩니다. 모든 영광을 하나님께 돌리고, 예수님만을 의지해야 합니다.

점검하기

1. 모든 사람이 불행한 이유는 무엇이며, 반면에 우리가 행복한 이유는 무엇입니까?
2. 하나님께서 우리를 의롭게 여기시는 이유는 무엇입니까?
3. 하나님의 은혜로 값없이 의롭다 하심을 얻은 우리는 어떻게 살아야 합니까?

제24조
성화와 선행

우리는 하나님의 말씀을 들음과 성령의 역사를 통해,[1]

사람 안에 일어나는 이 참된 믿음이

그 사람을 중생하게 하여 새사람으로 만든다는 것을 믿습니다.[2]

이 참된 믿음은 사람으로 하여금 새로운 삶을 살게 하며

죄의 노예 상태에서 자유롭게 합니다.[3]

그러므로 죄인을 의롭게 하는 이 믿음이

사람으로 하여금 선하고 거룩하게 사는 데

무관심하게 만든다는 말은 옳지 않습니다.[4]

오히려 반대로 이 참된 믿음이 없이는

그 누구도 하나님을 사랑해서 어떤 일을 하려고 하지 않고,[5]

그저 자기 사랑이나 심판에 대한 두려움에서 어떤 일을 할 뿐입니다.

---

1 행 16:14; 롬 10:17; 고전 12:3
2 겔 36:26-27; 요 1:12-13; 3:5; 엡 2:4-6; 딛 3:5; 벧전 1:23
3 요 5:24; 8:36; 롬 6:4-6; 요일 3:9
4 갈 5:22; 딛 2:12
5 요 15:5; 롬 14:23; 딤전 1:5; 히 11:4, 6

따라서 이 거룩한 믿음이 사람 안에서 작용하지 않는 것은
불가능한 일입니다.

왜냐하면 우리가 말하는 것은 헛된 믿음이 아니라
성경이 "사랑으로써 역사하는 믿음"(갈 5:6)이라고
부르는 것이기 때문입니다.

이 믿음은 사람으로 하여금
하나님께서 그분의 말씀에서 명령하신 일들을
힘써 행하도록 인도합니다.

믿음이라는 좋은 뿌리에서 나온 이러한 행위들은
하나님 보시기에 선하고, 하나님께서 받으실 만한 것입니다.

왜냐하면 이 행위들은 모두 하나님의 은혜에 의하여
거룩하게 되었기 때문입니다.

하지만 그 행위들이 우리를 의롭다 하는 데 기여되는 것은 아닙니다.

왜냐하면 우리는 그 어떤 선을 행하기 이전에
그리스도를 믿는 믿음을 통해 의롭다 하심을 받기 때문입니다.[6]

그렇지 않으면 우리가 하는 일들은 선한 것이 될 수 없습니다.

그것은 나무가 자체가 좋지 않으면
그 나무의 열매가 좋을 수 없는 것과 마찬가지입니다.[7]

---

6   롬 4:5
7   마 7:17

따라서 우리는 선을 행하지만

그것을 공로로 삼기 위해서 행하지는 않습니다.

우리가 무엇을 공로로 내세울 수 있겠습니까?

우리가 행하는 선행에 관해서는,

우리가 하나님께 빚진 것이지 그 반대가 아닙니다.[8]

왜냐하면 "너희 안에서 행하시는 이는 하나님이시니 자기의 기쁘신

뜻을 위하여 너희로 소원을 두고 행하게"(빌 2:13) 하시기 때문입니다.

따라서 "이와 같이 너희도 명령받은 것을 다 행한 후에 이르기를

우리는 무익한 종이라 우리의 하여야 할 일을 한 것뿐이라

할지니라"(눅 17:10)라고 기록된 말씀을 마음에 새겨야 합니다.

동시에 우리는 하나님께서 선행에 대하여 상 주신다는 사실을

부정하지 않습니다.[9]

그러나 하나님께서 당신의 선물들을 주시는 것은

하나님의 은혜에 의한 것입니다.

또한 우리가 선을 행할지라도,

우리는 그 선행에 우리 구원의 근거를 두지 않아야 합니다.

왜냐하면 우리는 우리 육신으로 더럽혀지지 않은 일,

---

8 고전 1:30-31; 4:7; 엡 2:10
9 롬 2:6-7; 고전 3:14; 요이 8; 계 2:23

따라서 심판을 받아 마땅하지 않은 일을

단 하나도 할 수 없기 때문입니다.[10]

설령 우리가 한 가지 선행을 보일 수 있다고 해도,

하나님께서 기억하시는 우리의 한 가지 죄악만으로도

하나님은 그 선행을 거절하시기에 충분합니다.[11]

그러므로 우리가 우리 구주의 고난과 죽음의 공로에

의지하지 않는다면,

우리는 항상 의심에 가득 차서

아무런 확신도 없이 방황하게 될 것이고,

우리의 가련한 양심은 끊임없이 고통당할 것입니다.[12]

---

10 롬 7:21
11 약 2:10
12 합 2:4; 마 11:28; 롬 10:11

핵심 신앙고백

(1) 우리는 말씀을 들음과 성령의 역사로 생겨난 믿음이 사람을 중생하게 하여 새사람으로 만든다는 것을 믿습니다.

(2) 참된 믿음은 사람으로 하여금 새로운 삶을 살게 하며 죄의 노예 상태에서 자유롭게 합니다.

(3) 그러므로 믿음이 거룩한 삶에 무관심하게 만든다는 말은 옳지 않습니다.

(4) 반대로 참된 믿음이 없이 하나님을 위한 일을 할 수 있는 사람은 아무도 없습니다.

(5) 그래서 성경은 이 믿음을 "사랑으로써 역사하는 믿음"이라고 말합니다. 참된 믿음은 우리로 하여금 하나님의 말씀을 행하도록 인도하기 때문입니다.

(6) 하지만 그 행위들이 구원의 근거가 되는 것은 아닙니다. 우리가 선을 행하기 이전에 이미 믿음으로 의롭다 하심을 받기 때문입니다.

(7) 만약 우리가 예수님의 공로가 아니라 자기 선행을 의지한다면, 우리는 구원의 확신을 갖지 못하고 날마다 고통을 당할 것입니다.

핵심 성경 구절

(1) 그러므로 내가 너희에게 알리노니 하나님의 영으로 말하는 자는 누구든지 예수를 저주할 자라 하지 아니하고 또 성령으로 아니하고는 누구든지 예수를 주시라 할 수 없느니라(고전 12:3)

(2) 내가 진실로 진실로 너희에게 이르노니 내 말을 듣고 또 나 보내신 이를 믿는 자는 영생을 얻었고 심판에 이르지 아니하나니 사망에서 생명으로 옮겼느니라(요 5:24)

(3) 오직 성령의 열매는 사랑과 희락과 화평과 오래 참음과 자비와 양선과 충성과 온유와 절제니 이같은 것을 금지할 법이 없느니라(갈 5:22-23)

(4) 나는 포도나무요 너희는 가지라 그가 내 안에, 내가 그 안에 거하면 사람이 열매를 많이 맺나니 나를 떠나서는 너희가 아무것도 할 수 없음이라(요 15:5)

(5) 그리스도 예수 안에서는 할례나 무할례나 효력이 없으되 사랑으로써 역사하는 믿음뿐이니라(갈 5:6)

(6) 일을 아니할지라도 경건하지 아니한 자를 의롭다 하시는 이를 믿는 자에게는 그의 믿음을 의로 여기시나니(롬 4:5)

(7) 보라 그의 마음은 교만하며 그 속에서 정직하지 못하나 의인은 그의 믿음으로 말미암아 살리라(합 2:4)

핵심 해설

(1) 하나님은 성령을 통해 우리에게 믿음을 주십니다(고전 12:3). 마음속에 성령이 거하는 사람만 참된 믿음을 가질 수 있습니다. 따라서 참된 믿음을 가진 사람은 성령의 사람이며, 성령으로 새롭게 된 사람입니다.

(2) 참된 믿음을 가진 사람은 사망에서 생명으로 옮겨진 사람입니다(요 5:24). 죄의 노예 상태에서 해방된 사람입니다. 그래서 참된 믿음을 가진 사람은 계속해서 악한 삶을 살 수 없습니다.

(3) 성령님은 우리에게 믿음만 주시는 것이 아닙니다. 성령님은 우리로 하여금 거룩한 삶을 살게 하시며, 거룩한 열매를 맺게 하십니다. 그러므로 믿음이 거룩한 삶에 무관심하게 만든다는 말은 옳지 않습니다.

(4) 예수님은 자신과 연합한 사람만 열매를 맺을 수 있다고 하셨습니다(요 15:5). 예수님과 연합하는 방법은 믿음뿐입니다(엡 3:17). 따라서 믿음이 없이 하나님을 위한 일을 할 수 있는 사람은 아무도 없습니다.

(5) 성경은 믿음에 대해 "사랑으로써 역사하는 믿음"이라고 말합니다(갈 5:6). 믿음이 선행에 무관심하게 만들지 않고, 오히려 선행의 씨앗이 되기 때문입니다. 참된 믿음은 하나님의 말씀을 행하도록 우리를 설득하고 인도합니다.

(6) 우리는 선을 행하기 전에 이미 믿음으로 의롭다 하심을 받았습니다(롬4:5). 따라서 선행으로 구원을 얻는다고 생각해서는 안 됩니다.

⑺ 우리가 하나님 앞에서 의롭다 함을 얻는 길은 믿음밖에 없습니다. 만약 우리가 선행으로 의롭다 함을 얻으려고 한다면, 우리는 평생 구원을 확신하지 못하고, 날마다 양심의 고통을 겪게 될 것입니다.

결론

믿음으로 의롭게 된다는 이신칭의 교리는 역사상 많은 공격을 받았습니다. 대표적인 주장은 이신칭의 교리가 사람을 게으르고 악하게 만든다는 것입니다. 이러한 주장은 사실이 아닙니다. 우리에게 믿음을 주시는 하나님께서 동시에 선을 행할 힘도 공급해 주시기 때문입니다. 따라서 참된 믿음을 가진 사람은 반드시 참된 선을 행하기 마련입니다. 그런 점에서 선행은 구원의 근거가 아니라, 구원의 결과입니다. 선행은 우리의 공로가 아니라, 하나님의 은혜입니다. 그래서 우리는 선을 행할 때마다 구원을 확신합니다. 선을 행할 때마다 하나님의 은혜에 감사합니다.

점검하기

1. 성경은 왜 믿음에 대해 "사랑으로써 역사하는 믿음"이라고 말합니까?
2. 이신칭의 교리가 사람을 게으르고 악하게 만든다는 주장은 왜 사실이 아닙니까?
3. 선행은 구원의 근거입니까, 구원의 결과입니까?

제25조
율법의 완성이신 그리스도

우리는 그리스도께서 오심으로써

율법의 의식들과 상징들이 폐기되고

그림자들이 모두 성취되었음을 믿습니다.[1]

따라서 그리스도인들은 그러한 것을

더 이상 사용하지 말아야 합니다.

다만 율법의 진리와 본질은

율법을 성취하신 그리스도 안에서

여전히 우리를 위해 남아 있습니다.[2]

동시에 우리는 복음의 교훈으로 우리를 견고하게 할 뿐만 아니라,

하나님의 영광을 위해 우리 삶을 온전히 순결하게 하려고

율법과 선지자에게서 얻은 증언들을 여전히 사용합니다.[3]

---

1   마 27:51; 롬 10:4; 히 9:9-10
2   마 5:17; 갈 3:24; 골 2:17
3   롬 13:8-10; 15:4; 벧후 1:19; 3:2

핵심 신앙고백

(1) 우리는 그림자와 같은 율법의 의식들과 상징들이 그리스도를 통해 모두 성취되었으므로 이제는 폐지되었음을 믿습니다.

(2) 그럼에도 불구하고 우리는 여전히 율법과 선지자들의 증거들을 복음으로 확증하고, 거룩한 삶을 살기 위해서 사용합니다.

핵심 성경 구절

(1) 그리스도는 모든 믿는 자에게 의를 이루기 위하여 율법의 마침이 되시니라 (롬 10:4)

(2) 내가 율법이나 선지자를 폐하러 온 줄로 생각하지 말라 폐하러 온 것이 아니요 완전하게 하려 함이라(마 5:17)

핵심 해설

(1) 구약의 율법, 즉 구약의 의식들과 상징들은 장차 오실 예수님을 예표하는 것이었습니다. 예를 들어 구약의 할례는 예수님의 세례를 예표했고, 구약의 희생 제사는 예수님의 십자가를 예표했습니다. 따라서 예수님께서 오신 이후에는 율법의 의식들과 상징들이 모두 폐지되었

습니다.

⑵ 그렇다면 구약과 율법은 이제 필요 없을까요? 아닙니다. 예수님은 구약 성경을 사용하셨고, 사도들은 구약 성경을 사랑했습니다. 복음은 구약에서 약속되었고, 신약에서 성취되었습니다. 신약을 이해하려면, 구약이 필수입니다. 율법도 마찬가지입니다. 제사와 성전에 관련된 의식법은 폐지되었지만, 거룩한 삶을 위한 도덕법은 유효합니다. 우리는 십계명과 같은 율법을 통해 하나님과 이웃을 사랑하는 방법에 관하여 알 수 있습니다.

결론

우리는 두 가지를 멀리해야 합니다. 첫째, 율법주의입니다. 율법주의는 율법을 구원의 수단으로 생각하는 것입니다. 하지만 우리는 율법이 아니라 믿음으로 구원을 얻습니다. 따라서 율법을 구원의 도구로 생각해서는 안 됩니다. 둘째, 무율법주의입니다. 무율법주의는 율법을 쓸모없는 것으로 여기는 것입니다. 하지만 율법에는 많은 쓸모가 있습니다. 율법은 우리가 죄인임을 알려 주고, 우리가 어떻게 살아야 하는지를 알려 줍니다. 따라서 율법을 쓸모없는 것으로 생각해서는 안 됩니다.

점검하기

1. 할례와 희생 제사가 각각 예표한 것은 무엇입니까?
2. 왜 지금도 구약 성경이 필요합니까?
3. 왜 지금도 율법이 필요합니까?

제26조
우리의 유일한 중보자 그리스도

우리는 유일한 중보자이며[1]

대언자이신 예수 그리스도를[2]

통하지 않고는 하나님께 나아갈 수 없다고 믿습니다.

이를 위해 그리스도께서는 신성과 인성이 연합된 사람이 되셨으므로,

우리는 하나님 앞에 막힘없이 나아갈 수 있게 되었습니다.[3]

그리고 성부께서 자기와 우리 사이에 세우신 이 중보자는

우리가 그분의 위대하심으로 인하여 두려움을 느낀 나머지,

우리의 상상을 좇아 다른 중보자를 찾도록 하지 않으십니다.

왜냐하면 하늘과 땅의 어떤 피조물 가운데서도

예수 그리스도만큼 우리를 사랑하는 이는 없기 때문입니다.[4]

---

1   딤전 2:5
2   요일 2:1
3   엡 3:12
4   마 11:28; 요 15:13; 엡 3:19; 요일 4:10

그분은 근본 하나님의 본체이시나,

스스로를 비워 종의 형체를 취하셨고(빌 2:6-7),

모든 점에서 그의 형제들과 같이 되셨습니다(히 2:17).

그러므로 만약 우리가 다른 중보자를 찾아야 한다고 하더라도

우리가 아직 그분의 원수 되었을 때(롬 5:8, 10),

우리를 위해 자기 목숨을 버리신 그분보다

우리를 더 사랑하는 이를 찾을 수 있겠습니까?

그리고 만약 우리가 권세와 능력을 가진 이를 찾아야 한다고 하더라도

성부의 오른편에 앉으시고[5]

하늘과 땅의 모든 권세를 가지신(마 28:18) 그분보다

더 큰 이가 어디에 있겠습니까?

그리고 하나님께서 '나의 사랑하는 아들'이라고 친히 밝히신 그분보다

더 빨리 응답을 받을 자가 어디 있겠습니까?[6]

사람들은 그러한 믿음이 없어서

성인을 중보자라고 하며 추앙하는 관행을 도입하였지만,

이는 실제로 성인들을 불명예스럽게 만드는 일입니다.

왜냐하면, 성인들은 한 번도 그렇게 행하거나 요구한 적이 없으며

그들의 저서들을 보면 알 수 있듯이

---

5   히 1:3; 8:1
6   마 3:17; 요 11:42; 엡 1:6

그들은 자기들의 직무에 일치하게

그러한 영예를 항상 거부했기 때문입니다.[7]

여기서 우리는 우리의 무가치함을 논할 필요가 없습니다.

우리가 기도를 드리는 근거는 우리 자신의 가치가 아니며,

오직 믿음을 통해 우리의 의로움이 되시는[8]

예수 그리스도의 탁월하심과 그분의 가치에 있기 때문입니다.[9]

그러므로 히브리서 기자는

우리에게서 이 어리석은 두려움 혹은 불신앙을 제거하기 위해

다음과 같이 이야기합니다.

예수 그리스도께서는 "범사에 형제들과 같이 되심이 마땅하도다.

이는 하나님의 일에 자비하고 신실한 대제사장이 되어

백성의 죄를 속량하려 하심이라.

그가 시험을 받아 고난을 당하셨은즉

시험받는 자들을 능히 도우실 수 있느니라"(히 2:17-18).

또한 히브리서 기자는

우리가 그분께로 더 나아가도록 다음과 같이 격려합니다.

"그러므로 우리에게 큰 대제사장이 계시니

---

7   행 10:26; 14:15
8   고전 1:30
9   렘 17:5, 7; 행 4:12

승천하신 이, 곧 하나님의 아들 예수시라.

우리가 믿는 도리를 굳게 잡을지어다.

우리에게 있는 대제사장은

우리의 연약함을 동정하지 못하실 이가 아니요.

모든 일에 우리와 똑같이 시험을 받으신 이로되 죄는 없으시니라.

그러므로 우리는 긍휼하심을 받고 때를 따라 돕는 은혜를 얻기 위하여

은혜의 보좌 앞에 담대히 나아갈 것이니라"(히 4:14-16).[10]

같은 서신에서 이렇게도 말합니다.

"그러므로 형제들아

우리가 예수의 피를 힘입어 성소에 들어갈 담력을 얻었나니

참마음과 온전한 믿음으로 하나님께 나아가자"(히 10:19, 22).

"예수는 영원히 계시므로 그 제사장 직분도 갈리지 아니하느니라.

그러므로 자기를 힘입어 하나님께 나아가는 자들을

온전히 구원하실 수 있으니

이는 그가 항상 살아 계셔서 그들을 위하여 간구하심이라"(히 7:24-25).[11]

무슨 말이 더 필요합니까?

그리스도께서도 친히 "내가 곧 길이요 진리요 생명이니

---

10   요 10:9; 엡 2:18; 히 9:24
11   롬 8:34

나로 말미암지 않고는 아버지께로 올 자가 없느니라"(요 14:6)라고
말씀하셨습니다.

하나님께서 자기 아들을 우리의 중보자로 주시기를 기뻐하셨는데,

왜 우리는 다른 중보자를 찾고자 할까요?

우리는 다른 중보자를 찾기 위해 그분을 떠나서는 안 되고,

결코 찾을 수 없는 다른 중보자를 추구해서도 안 됩니다.

하나님께서 우리가 죄인임을 매우 잘 아시고

그분을 우리에게 주셨기 때문입니다.

그러므로 우리는 주기도문에서 배운 바와 같이,

우리의 유일한 중보자인 그리스도를 통해[12]

하늘 아버지를 불러야 합니다. [13]

우리는 그분의 이름으로 성부께 구한 것은

모두 얻을 것이라고 확신합니다. [14]

---

12   마 6:9-13; 눅 11:2-4
13   히 13:15
14   요 14:13

제26조 우리의 유일한 중보자 그리스도

핵심 신앙고백

(1) 우리는 유일한 중보자요 대언자이신 예수 그리스도를 통해서만 하나님께 나아갈 수 있음을 믿습니다. 그리스도는 이를 위해서 신성과 인성이 연합된 사람이 되셨습니다.

(2) 그리고 우리는 다른 중보자가 필요하지 않다고 믿습니다. 예수님보다 우리를 더 사랑하는 분은 없기 때문입니다.

(3) 또한 예수님보다 더 권세와 능력을 가지신 분도 없기 때문입니다.

(4) 우리는 유일한 중보자이신 그리스도를 통해서만 하나님께 나아가며, 그리스도의 이름으로 하나님께 구한 것은 모두 얻을 것이라고 확신합니다.

핵심 성경 구절

(1) 하나님은 한 분이시요 또 하나님과 사람 사이에 중보자도 한 분이시니 곧 사람이신 그리스도 예수라(딤전 2:5)

(2) 사람이 친구를 위하여 자기 목숨을 버리면 이보다 더 큰 사랑이 없나니 (요 15:13)

(3) 예수께서 나아와 말씀하여 이르시되 하늘과 땅의 모든 권세를 내게 주셨으니 (마 28:18)

(4) 너희가 내 이름으로 무엇을 구하든지 내가 행하리니 이는 아버지로 하여금 아들로 말미암아 영광을 받으시게 하려 함이라(요 14:13)

핵심 해설

(1) 태초에는 하나님과 사람 사이에 어떠한 장벽도 없었습니다. 하지만 죄로 인해 하나님과 사람 사이에 무한한 간격이 생겼습니다. 바로 이 것이 사람이 가지고 있는 가장 큰 문제입니다. 하지만 예수님은 우리의 중보자가 되셔서 이 문제를 해결해 주셨습니다. 중보자는 화해자를 의미합니다. 우리가 하나님과 화해한 것은 예수님께서 중보자의 일을 하셨기 때문입니다. 예수님은 우리의 중보자가 되시기 위해 사람의 몸을 입고 이 땅에 오셨습니다.

(2) 우리에게는 예수님 외에 다른 중보자가 필요하지 않습니다. 그 이유는 다음과 같습니다. 첫째, 예수님보다 우리를 더 사랑하는 이가 없기 때문입니다. 예수님은 우리를 위해 목숨을 버릴 정도로 우리를 사랑하십니다. "친구를 위하여 자기 목숨을 버리면 이보다 더 큰 사랑이 없나니"(요 15:13).

(3) 둘째, 예수님보다 더 큰 권세를 가진 이가 없기 때문입니다. 예수님은 하늘과 땅을 다스리는 권세를 가지고 계십니다. "예수께서 나아와 말씀하여 이르시되 하늘과 땅의 모든 권세를 내게 주셨으니"(마 28:18).

⑷ 따라서 우리는 예수님을 통해 하나님께 나아가야 합니다. 유일한 중

　보자이신 예수님을 통해서 하나님께 나아갈 때만, 하나님은 우리의

　예배를 받아 주시고(히 13:15), 우리의 기도에 응답해 주십니다(요 14:13).

결론

하나님과 우리 사이의 중보자는 예수님밖에 없습니다. 오직 예수님만 우리의 중보자가 되십니다. 그러나 로마 가톨릭은 다른 중보자가 있다고 주장합니다. 그리스도는 너무나 위대하시고 두려운 분이시기 때문에 곧바로 그리스도에게 나아갈 수 없고, 마리아나 성인, 또는 사제를 통해서 그리스도께 나아가야 한다고 주장합니다. 이것은 예수님이 유일한 중보자라고 하는 성경의 가르침을 부인하는 일입니다. 이것은 로마 가톨릭의 주장처럼 성인들을 영예롭게 하는 일이 아니라, 도리어 그들을 불명예스럽게 하는 일입니다.

점검하기

1. 예수님께서 사람의 몸을 입고 이 땅에 오신 이유는 무엇입니까?
2. 예수님만이 우리의 중보자가 되시는 이유는 무엇입니까?

7부

그리스도의 몸 된 교회에 관하여

제27조
보편적 교회

우리는 하나의 보편적 혹은 우주적 교회를 믿고 고백합니다.[1]

이 교회는 예수 그리스도의 피로 씻음받고서,

성령을 통해 거룩하게 되고 인 침을 받아,[2]

그리스도 안에서 온전히 구원받기를 바라는[3]

참된 신자들의 거룩한 모임과 회중입니다.[4]

이 교회는 세상의 시작부터 있었으며 끝 날까지 있을 것입니다.

왜냐하면 그리스도께서는 그의 백성 없이는 계실 수 없는

영원한 왕이시기 때문입니다.[5]

비록 이 거룩한 교회는 한때 사람의 눈에 매우 작게 보이고

---

1 창 22:18; 사 49:6; 엡 2:17-19
2 엡 1:13; 4:30
3 욜 2:32; 행 2:21
4 시 111:1; 요 10:14, 16; 엡 4:3-6; 히 12:22-23
5 삼하 7:16; 시 89:37; 110:4; 마 28:18, 20; 눅 1:32

거의 사라진 것처럼 보일 수도 있지만,[6]
하나님께서는 온 세상의 분노에 맞서
이 거룩한 교회를 보존할 것입니다.[7]
그래서 주님께서는 자기를 위해
아합의 폭정 동안에도 바알에게 무릎 꿇지 않고 절하지 아니한
칠천 명을 보존하셨던 것입니다.[8]

또한 이 거룩한 교회는 특정 장소나 사람들에게
국한되거나 제한되지 않고,
온 세상에 걸쳐 퍼져 있으며 흩어져 있습니다.[9]
그러면서도 이 교회는 믿음의 능력을 통해
동일한 성령 안에서 마음과 뜻으로 연결되고 연합되어 있습니다.[10]

---

6   사 1:9; 벧전 3:20; 계 11:7
7   시 46:6; 마 16:18
8   왕상 19:18; 롬 11:4
9   마 23:8; 요 4:21-23; 롬 10:12-13
10   시 119:63; 행 4:32; 엡 4:4

핵심 신앙고백

(1) 우리는 하나의 보편적 혹은 우주적 교회를 믿습니다.

(2) 이 교회는 참된 신자들의 거룩한 모임과 회중입니다.

(3) 이 교회는 세상의 시작부터 있었으며 끝 날까지 있을 것입니다.

(4) 교회는 특정 장소나 사람에게 국한되지 않고 온 세상에 흩어져 있으며, 오직 믿음으로 말미암아 성령 안에서 하나로 연합되어 있습니다.

핵심 성경 구절

(1) 또 네 씨로 말미암아 천하 만민이 복을 받으리니 이는 네가 나의 말을 준행하였음이니라 하셨다 하니라(창 22:18)

(2) 할렐루야, 내가 정직한 자들의 모임과 회중 가운데에서 전심으로 여호와께 감사하리로다(시 111:1)

(3) 또 내가 네게 이르노니 너는 베드로라 내가 이 반석 위에 내 교회를 세우리니 음부의 권세가 이기지 못하리라(마 16:18)

(4) 몸이 하나요 성령도 한 분이시니 이와 같이 너희가 부르심의 한 소망 안에서 부르심을 받았느니라(엡 4:4)

핵심 해설

⑴ 우리는 교회를 믿습니다. 첫째, 교회의 공간적 보편성을 믿습니다. 교회는 어느 한 장소에 국한되지 않고 온 천하로 뻗어 갈 것입니다. "네 씨로 말미암아 천하 만민이 복을 받으리니"(창 22:18).

⑵ 둘째, 교회의 거룩성을 믿습니다. 교회는 하나님께서 구별하신 거룩한 공동체입니다(고전 1:2). 교회는 거룩한 공동체가 되기 위해 힘써야 합니다(시 111:1).

⑶ 셋째, 교회의 시간적 보편성을 믿습니다. 세상의 시작부터 있었던 교회는 세상의 마지막까지 보존될 것입니다(마 16:18).

⑷ 넷째, 교회의 통일성을 믿습니다. 교회는 공간적 · 시간적으로 분리되어 있지만, 성령으로 연결된 하나의 공동체입니다. "몸이 하나요 성령도 한 분이시니 이와 같이 너희가 부르심의 한 소망 안에서 부르심을 받았느니라"(엡 4:4).

결론

우리는 예수님을 믿는 것처럼 교회를 믿습니다. 교회도 믿음의 대상입니다. 우리가 교회에 관하여 믿는 것은 크게 세 가지입니다. 보편성, 거룩성, 통일성입니다. 보편성을 믿는 신자는 선교에 힘써야 합니다. 교회가 온 천하로 뻗어 가야 하기 때문입니다(창 22:18). 거룩성을 믿는 신자는 죄와 싸워야 합니다. 교회는 거룩하기 때문입니다(고전 1:2). 통일성을 믿는 신자는 서로 사랑해야 합니다. 교회는 '한 몸'이기 때문입니다(엡 4:4).

점검하기

1. 우리가 교회에 관하여 믿는 세 가지는 무엇입니까?
2. 보편성을 믿는 신자는 어떻게 살아야 합니까?
3. 거룩성을 믿는 신자는 어떻게 살아야 합니까?
4. 통일성을 믿는 신자는 어떻게 살아야 합니까?

제28조
교회 가입의 의무

우리는 이 거룩한 모임과 회중이 구속받은 자들의 모임이며,

이 모임 밖에는 구원이 없기에[1]

어떠한 사람도 그의 지위나 신분을 막론하고

이 모임에서 물러나 혼자 있는 것에 만족해서는 안 된다고 믿습니다.

오히려 모든 사람은 교회에 가입하고 연합해야 할 의무가 있으며,[2]

교회의 하나 됨을 다음과 같은 방식으로 유지해야 합니다.

모든 사람은 교회의 가르침과 권징에 복종해야 하고,[3]

자기 목에 예수 그리스도의 멍에를 메며,[4]

하나님께서 그들에게 주신 은사를 따라서[5]

동일한 몸의 지체인 형제들을 세우기 위해 봉사해야 합니다.[6]

---

1   마 16:18-19; 행 2:47; 갈 4:26; 엡 5:25-27; 히 2:11-12; 12:23
2   대하 30:8; 요 17:21; 골 3:15
3   히 13:17
4   마 11:28-30
5   고전 12:7, 27; 엡 4:16
6   엡 4:12

교회의 하나 됨을 더 효과적으로 유지하기 위해

모든 신자는 하나님의 말씀을 따라

교회에 속하지 않은 자들에게서 떠나고,[7]

어느 곳에서든지 하나님께서 세우신 이 모임에

가입할 의무가 있습니다.[8]

설령 정부와 군주의 법이 그것을 반대하고,

심지어 죽음 혹은 육체적인 형벌이 따를지라도 그렇게 해야 합니다.[9]

그러므로 교회에서 떨어져 나오거나

교회에 가입하지 않는 자는

하나님의 규례를 거슬러 행하는 것입니다.

---

7   민 16:23-26; 사 52:11-12; 행 2:40; 롬 16:17; 계 18:4
8   행 4:19-20
9   시 122:1; 사 2:3; 히 10:25

핵심 신앙고백

(1) 우리는 교회 밖에는 구원이 없다고 믿습니다.

(2) 우리는 성도에게 교회에 가입해야 할 의무가 있다고 믿습니다.

(3) 우리는 교회의 하나 됨을 위해 교회의 가르침과 권징에 복종해야 합니다.

(4) 우리는 그리스도의 몸을 세우기 위해 형제들을 섬기며 봉사해야 합니다.

핵심 성경 구절

(1) 고린도에 있는 하나님의 교회 곧 그리스도 예수 안에서 거룩하여지고 성도라 부르심을 받은 자들(고전 1:2)

(2) 아버지여, 아버지께서 내 안에, 내가 아버지 안에 있는 것 같이 그들도 다 하나가 되어 우리 안에 있게 하사 세상으로 아버지께서 나를 보내신 것을 믿게 하옵소서(요 17:21)

(3) 너희를 인도하는 자들에게 순종하고 복종하라(히 13:17)

(4) 이는 성도를 온전하게 하여 봉사의 일을 하게 하며 그리스도의 몸을 세우려 하심이라(엡 4:12)

핵심 해설

(1) 성경은 구원받은 성도가 되는 것과 교회의 일원이 되는 것을 동일하게 설명합니다(고전 1:2). 성도라면 당연히 교회의 일원이 되어야 합니다. 성도의 구원은 교회를 통해 이루어지기 때문입니다. 우리가 구원에 이르기 위해서는 말씀을 들어야 하며, 성찬에 참여해야 하고, 권징을 받아야 합니다. 이것들은 모두 교회에서 이루어지는 일입니다. 그래서 교부 키프리아누스(Cyprianus)는 "교회 밖에는 구원이 없다"라고 말했습니다.

(2) 예수님의 기도에서도 교회의 중요성을 발견할 수 있습니다. 예수님은 성도들이 하나 되기를 기도하셨습니다. "아버지께서 내 안에, 내가 아버지 안에 있는 것같이 그들도 다 하나가 되게 하소서"라고 기도하셨습니다(요 17:21). 따라서 우리는 혼자서 신앙생활을 하려고 해서는 안 됩니다. 우리는 다른 성도들과 함께 신앙생활을 해야 합니다. 그러므로 교회에 가입하는 것은 우리의 의무입니다.

(3) 교회에 가입한다는 것은 단순히 어느 교회에 등록한다는 뜻이 아닙니다. 여기에는 크게 세 가지 의미가 있습니다. 첫째, 교회의 가르침에 복종함을 의미합니다(히 13:17). 둘째, 교회의 권징에 순종함을 의미합니다(마 18:17).

(4) 셋째, 교회에서 교우들을 위해 봉사함을 의미합니다(엡 4:12).

결론

　예수님은 교회를 사랑하시고, 교회를 위해서 자신을 희생하셨습니다 (엡 5:25). 우리의 구원을 위해서는 교회가 꼭 필요하기 때문입니다. 그래서 하나님은 한 개인을 구원하신 다음에 교회의 일원이 되게 하십니다(행 2:47). 교회에 가입하는 것이 중요한 이유는 다음과 같습니다. 첫째, 교회에서 하나님의 말씀이 선포되기 때문입니다. 말씀은 하나님께서 우리에게 은혜를 주시는 중요한 수단입니다. 우리는 말씀으로 가르침을 받기 위해 반드시 교회에 가입해야 합니다(히 13:17). 둘째, 교회에서 성도의 교제가 행해지기 때문입니다. 누구도 혼자서는 신앙생활 할 수 없습니다. 성도들의 봉사, 즉 사랑과 기도가 필요합니다(엡 4:12). 그래서 우리는 반드시 교회에 가입해야 합니다. 교회의 가르침에 복종하기 싫어하거나, 성도의 교제를 거부하는 것은 하나님의 뜻을 어기는 것입니다.

점검하기

1. 교회에 가입하는 것이 의미하는 세 가지는 무엇입니까?
2. 교회에 가입하는 것이 중요한 이유 두 가지는 무엇입니까?

제29조
참된 교회의 표지

우리는 오늘날 세상에 있는 모든 분파들이

스스로를 교회라고 부르기 때문에,

어떤 교회가 참된 교회인지를 하나님의 말씀을 따라

진지하고도 매우 신중하게 분별해야 한다고 믿습니다.[1]

여기에서 우리는,

선한 자들과 섞여 있어서 외형적으로는 교회 안에 있지만

사실상 교회에 속해 있지 않은 위선자들에 대해 말하는 것이 아닙니다.[2]

우리는 교회로 자처하는 모든 분파와 구별되어야 하는

참된 교회의 몸과 교제에 관하여 말하는 것입니다.

우리가 참된 교회임을 알 수 있는 표지들은 다음과 같습니다.

---

1   계 2:9
2   롬 9:6

참된 교회는 순수한 복음 설교를 선포합니다.[3]

참된 교회는 그리스도께서 제정하신 대로 순수한 성례를 시행합니다.[4]

참된 교회는 죄를 교정하고 벌하기 위해 교회의 권징을 시행합니다.[5]

간단히 말해서 참된 교회는

순수한 하나님의 말씀으로 스스로를 다스리며,[6]

거기에 반대되는 모든 것을 거부하고,[7]

예수 그리스도를 교회의 유일한 머리로 생각합니다.[8]

이러한 표지로써 참된 교회임이 분명하게 알려지기에,

그 누구도 이 교회로부터 분리할 권리를 갖고 있지 않습니다.

이 교회에 속한 자들은 그리스도인의 표지들로 알 수 있습니다.

그들은 예수 그리스도를 유일한 구주로 믿으며,[9]

죄를 멀리하고, 의를 추구하며,[10]

좌로나 우로 치우침 없이 참되신 하나님과 이웃을 사랑하고,[11]

그들의 옛 사람을 그들의 행위와 함께 십자가에 못 박습니다.[12]

---

3 갈 1:8; 딤전 3:15
4 행 19:3-5; 고전 11:20-29
5 마 18:15-17; 고전 5:4-5, 13; 살후 3:6, 14; 딛 3:10
6 요 8:47; 17:20; 행 17:11; 엡 2:20; 골 1:23; 딤전 6:3
7 살전 5:21; 딤전 6:20; 계 2:6
8 요 10:14; 엡 5:23; 골 1:18
9 요 1:12; 요일 4:2
10 롬 6:2; 빌 3:12
11 요일 4:19-21
12 갈 5:24

비록 그들 안에 큰 연약함이 남아 있을지라도,

그들은 평생 성령을 힘입어 그 연약함에 맞서 싸웁니다. [13]

그들은 끊임없이 예수 그리스도의 피와 고난과

죽음과 순종에 호소하고,

그분 안에서 그분을 믿는 믿음을 통해 죄 사함을 얻습니다. [14]

거짓 교회는 하나님의 말씀보다 교회 자체와

교회의 규례들에 더 많은 권위를 부여합니다.

거짓 교회는 그리스도의 명에에 자기를 복종시키려고 하지 않습니다. [15]

거짓 교회는 그리스도께서 당신의 말씀에서 명하신 대로

성례를 시행하지 않고

자기들이 좋게 생각하는 대로 무엇을 더하기도 하고 빼기도 합니다.

거짓 교회는 교회의 기초를 예수 그리스도께 두기보다

사람에게 둡니다.

거짓 교회는 하나님의 말씀을 따라서 거룩한 삶을 사는 사람들과

거짓 교회의 죄와 탐욕과 우상 숭배를 책망하는 자들을 핍박합니다. [16]

이 두 교회는 쉽게 식별되고 서로 구별됩니다.

---

13   롬 7:15; 갈 5:17
14   롬 7:24-25; 요일 1:7-9
15   행 4:17-18; 딤후 4:3-4; 요이 9
16   요 16:2

핵심 신앙고백

⑴ 거짓 교회도 스스로를 교회라고 부르기 때문에, 우리는 하나님의 말씀으로 참된 교회를 분별해야 한다고 믿습니다.

⑵ 참된 교회의 표지는 다음과 같습니다. 첫째, 순수한 복음을 설교하는 것입니다.

⑶ 둘째, 그리스도께서 제정하신 대로 순수한 성례를 시행하는 것입니다.

⑷ 셋째, 죄를 교정하기 위해 권징을 시행하는 것입니다.

핵심 성경 구절

(1) 내가 네 환난과 궁핍을 알거니와 실상은 네가 부요한 자니라 자칭 유대인이라 하는 자들의 비방도 알거니와 실상은 유대인이 아니요 사탄의 회당이라(계 2:9)

(2) 그러나 우리나 혹은 하늘로부터 온 천사라도 우리가 너희에게 전한 복음 외에 다른 복음을 전하면 저주를 받을지어다(갈 1:8)

(3) 그러므로 누구든지 주의 떡이나 잔을 합당하지 않게 먹고 마시는 자는 주의 몸과 피에 대하여 죄를 짓는 것이니라(고전 11:27)

(4) 밖에 있는 사람들은 하나님이 심판하시려니와 이 악한 사람은 너희 중에서 내쫓으라(고전 5:13)

(1) 예수님은 서머나의 유대인 공동체에 대해 다음과 같이 말씀하셨습니다. "실상은 유대인이 아니요 사탄의 회당이라"(계 2:9). 이는 그들이 참된 교회가 아니라 거짓 교회라는 뜻입니다. 이처럼 모든 교회가 참된 교회는 아닙니다. 따라서 우리는 말씀을 기준으로 참된 교회와 거짓 교회를 분별해야 합니다.

(2) 성경이 말하는 참된 교회의 기준은 크게 세 가지입니다. 첫째, 다른 복음이 아닌 순수한 복음을 설교하는 것입니다(갈 1:8). 따라서 목사의 사사로운 생각이나 세속적인 가르침을 설교하는 교회는 참된 교회가 아닙니다. 성경 본문의 참된 의미를 설교하는 교회가 참된 교회입니다.

(3) 둘째, 순수한 성례를 합당하게 시행하는 것입니다(고전 11:27). 성경은 참된 믿음을 가진 자에게만 세례와 성찬을 시행해야 한다고 말합니다. 따라서 참된 믿음이 없는 자에게 세례와 성찬을 시행하는 교회는 참된 교회가 아닙니다.

(4) 셋째, 권징을 시행하는 것입니다(요 8:47). 권징은 '권면하고 징계한다'라는 뜻입니다. 교회가 누군가를 징계하는 것이 이상하게 여겨질 수 있지만, 교회에는 권징이 반드시 필요합니다. 권징이 있어야 교회의 순결성이 유지되기 때문입니다.

결론

거짓 교회도 자신들을 교회라고 부르기 때문에, 우리는 참된 교회와 거짓 교회를 분별해야 합니다. 참된 교회의 기준은 다음과 같습니다. 첫째, 바른 복음을 설교하는 것입니다(갈 1:8). 둘째, 성례를 합당하게 시행하는 것입니다(고전 11:27). 셋째, 권징을 올바르게 시행하는 것입니다(고전 5:13). 순결한 신자도 거짓 교회에 속해 있다면, 믿음의 순수성을 지키기가 어렵습니다. 순수한 신앙인이 되기를 원한다면, 거짓 교회와 참된 교회를 분별하고, 참된 교회에 소속되기 위해 노력해야 합니다.

점검하기

1. 참된 교회의 기준(표지) 세 가지는 무엇입니까?
2. 이 세 가지 표지의 공통적인 특징은 무엇일까요?

제30조
교회의 정치

우리는 이 참된 교회가

우리 주님의 말씀에서 가르치신 영적 질서에 따라

다스려져야 함을 믿습니다.[1]

참된 교회에는 하나님의 말씀을 설교하고 성례를 시행할

사역자나 목사가 있어야 하며,[2]

또 목사와 함께 교회 회의를 구성할[3] 장로와[4]

집사가 있어야 합니다.[5]

이러한 방식으로 그들은 참된 신앙을 다음과 같이 보존합니다.

참된 교리가 전파되는지를 살피고,

악한 자들을 영적인 방식으로 권징하고 억제하며,

---

1 행 20:28; 엡 4:11-12; 딤전 3:15; 히 13:20-21
2 눅 1:2; 10:16; 요 20:23; 롬 10:14; 고전 4:1; 고후 5:19-20; 딤후 4:2
3 빌 1:1; 딤전 4:14
4 행 14:23; 딛 1:5
5 딤전 3:8-10

가난한 자와 고난당하는 모든 자들이

각각 그들의 필요에 따라서 도움과 위로를 받도록 살핍니다.[6]

바울 사도가 디모데에게 주었던 규칙을 따라서[7]

신실한 자들을 선출하여[8]

이러한 방식으로 모든 것을 적합하고 질서 있게 해야 합니다.

---

6   행 6:1-4; 딛 1:7-9
7   딤전 3:1-16
8   고전 4:2

핵심 신앙고백

(1) 우리는 참된 교회가 말씀에 근거한 영적 질서에 따라 다스려져야 함을 믿습니다.

(2) 참된 교회에는 말씀을 설교하고 성례를 시행할 목사가 있어야 합니다.

(3) 또한 목사와 함께 교회 회의를 구성하는 장로가 있어야 하며, 집사가 있어야 합니다.

(4) 목사 직분을 통해서는 참된 신앙이 보존되고, 장로 직분을 통해서는 악한 자들이 권징을 받으며, 집사 직분을 통해서는 고난당하는 자들이 위로를 받습니다.

핵심 성경 구절

(1) 여러분은 자기를 위하여 또는 온 양 떼를 위하여 삼가라 성령이 그들 가운데 여러분을 감독자로 삼고 하나님이 자기 피로 사신 교회를 보살피게 하셨느니라 (행 20:28)

(2) 너는 말씀을 전파하라 때를 얻든지 못 얻든지 항상 힘쓰라 범사에 오래 참음과 가르침으로 경책하며 경계하며 권하라(딤후 4:2)

(3) 여러분은 자기를 위하여 또는 온 양 떼를 위하여 삼가라 성령이 그들 가운데 여러분을 감독자로 삼고 하나님이 자기 피로 사신 교회를 보살피게 하셨느니라

(행 20:28)

(4) 헬라파 유대인들이 자기의 과부들이 매일의 구제에 빠지므로 히브리파 사람을
원망하니 열두 사도가 모든 제자를 불러 이르되 우리가 하나님의 말씀을 제쳐
놓고 접대를 일삼는 것이 마땅하지 아니하니 형제들아 너희 가운데서 성령과 지
혜가 충만하여 칭찬받는 사람 일곱을 택하라 우리가 이 일을 그들에게 맡기고
(행 6:1-3)

핵심 해설

(1) 교회의 머리는 예수님입니다(엡 1:22). 예수님께서 교회를 다스리십니
다. 그런데 예수님은 교회를 직접 다스리지 않으시고 직분자를 통해
서 다스리십니다(행 20:28). 이와 같은 말씀에 근거한 영적 질서를 '교
회 정치'라고 합니다.

(2) 성경에는 여러 종류의 직분이 등장합니다. 구약 시대의 직분은 선지
자, 제사장, 왕이며, 신약 시대의 직분은 사도, 목사, 장로, 집사입니
다. 이 중에서 사도는 초대 교회에 일시적으로 존재했던 직분이기에
임시직이라고 합니다. 반면 목사, 장로, 집사는 교회에 항상 있어야
하는 직분이기에 항존직이라고 합니다. 목사의 직무는 하나님의 말씀
을 설교하고 성례를 시행하는 것입니다(딤후 4:2). 목사 직분을 통해 참
된 신앙이 보존되고 참된 교리가 전파됩니다.

(3) 장로의 직무는 교인들을 감독하는 것입니다(행 20:28). 장로는 강단에서 바른 말씀이 선포되는지, 성도들이 말씀에 순종하고 있는지를 감독합니다. 그래서 장로는 성경과 교리를 바르게 알아야 하며, 성실하게 성도들을 심방해야 합니다. 장로 직분을 통해 악한 자들이 권징을 받습니다.

(4) 집사의 직무는 가난한 성도들을 구제하는 것입니다(행 6:1-3). 그래서 집사의 직분은 더러운 이익을 탐내지 않는 자들이 맡아야 합니다(딤전 3:8-10). 집사 직분을 통해 고난당하는 자들이 위로를 받습니다.

결론

　교회는 여러 지체로 이루어진 공동체입니다. 하나님은 교회가 질서 있는 공동체가 되기를 원하십니다(고전 14:40). 그래서 직분자를 통해 교회의 질서를 세우십니다. 신약의 직분은 세 가지입니다. 첫째, 목사입니다. 목사를 통해 바른 말씀이 보존됩니다. 둘째, 장로입니다. 장로를 통해 악한 자들이 권징을 받습니다. 셋째, 집사입니다. 집사를 통해 고난당하는 자들이 위로를 받습니다. 목사와 장로와 집사의 직분이 올바르게 수행되는 교회가 성경적인 교회이며, 하나님께서 기뻐하시는 교회입니다.

점검하기

1. 신약 시대의 직분은 무엇입니까?
2. 신약 시대의 직분 중 항존직과 임시직은 각각 무엇입니까?
3. 목사의 직무는 무엇입니까?
4. 장로의 직무는 무엇입니까?
5. 집사의 직무는 무엇입니까?

제31조
교회의 직분들

우리는 하나님의 말씀 사역자와 장로와 집사가

하나님의 말씀에 규정된 대로,

기도와 선한 질서를 따라

교회의 합법적인 선거를 통해 선출되어야 함을 믿습니다.[1]

그러므로 누구든지 부정한 방법으로 개입되지 않도록 주의해야 합니다.

오히려 각 사람은 자신을 하나님께서 부르셨다는

확실한 증거를 가지기 위해,

하나님께서 부르시는 때까지 기다려야 합니다.[2]

말씀 사역자들은 그들이 어느 곳에 있든지

모두 동등한 권세와 권위를 가집니다.

왜냐하면 그들은 모두 유일한 보편적 감독자요

---

1 행 1:23-24; 6:2-3
2 행 13:2; 고전 12:28; 딤전 4:14; 5:22; 히 5:4

유일한 교회의 머리이신[3]

예수 그리스도의 종이기 때문입니다.[4]

하나님께서 세우신 이 거룩한 규례가

훼손되거나 배척되는 일이 없도록,

우리는 모두 말씀 사역자들과 교회의 장로들을

그들이 하는 일 때문에 특별히 존경해야 하며,[5]

가능한 한 불평이나 다툼 없이

그들과 평화롭게 지내야 합니다.

3   마 23:8, 10; 엡 1:22; 5:23
4   고후 5:20; 벧전 5:1-4
5   살전 5:12-13; 딤전 5:17; 히 13:17

핵심 신앙고백

(1) 우리는 기도하는 가운데 직분자가 합법적인 선거로 선출되어야 한다고 믿습니다.

(2) 누구든지 부정한 방법으로 직분자가 되려고 해서는 안 되며, 하나님께서 부르실 때까지 기다려야 합니다.

(3) 직분자들은 동등한 권세와 권위를 가집니다. 그들은 모두 교회의 유일한 머리이신 예수 그리스도의 종이기 때문입니다.

(4) 우리는 직분자들을 특별히 존경하고, 그들과 평화롭게 지내기 위해 노력해야 합니다.

핵심 성경 구절

(1) 열두 사도가 모든 제자를 불러 이르되 우리가 하나님의 말씀을 제쳐 놓고 접대를 일삼는 것이 마땅하지 아니하니 형제들아 너희 가운데서 성령과 지혜가 충만하여 칭찬받는 사람 일곱을 택하라 우리가 이 일을 그들에게 맡기고(행 6:2-3)

(2) 주를 섬겨 금식할 때에 성령이 이르시되 내가 불러 시키는 일을 위하여 바나바와 사울을 따로 세우라 하시니(행 13:2)

(3) 그러나 너희는 랍비라 칭함을 받지 말라 너희 선생은 하나요 너희는 다 형제니

라(마 23:8)

(4) 너희를 인도하는 자들에게 순종하고 복종하라 그들은 너희 영혼을 위하여 경성

하기를 자신들이 청산할 자인 것같이 하느니라 그들로 하여금 즐거움으로 이것

을 하게 하고 근심으로 하게 하지 말라 그렇지 않으면 너희에게 유익이 없느니

라(히 13:17)

핵심 해설

(1) 교회는 하나님의 뜻대로 직분자를 선출해야 합니다. 교회가 하나님의

뜻대로 직분자를 선출하는 방식은 크게 두 가지입니다. 첫째, '기도'

입니다. 교회는 하나님의 마음에 합한 직분자가 선출되도록 기도해야

합니다. 둘째, '합법적인 선거'입니다. 교회는 말씀의 기준에 합한 자

를, 선거를 통해 선출해야 합니다. 선거로 직분자를 선출한 최초의 사

례는 사도행전 6장에 기록되어 있습니다. 여기서 일곱 명의 집사를 선

출했고, 그 방식은 선거였습니다.

(2) 직분자를 부르시고 사용하시는 분은 하나님이십니다(행 13:2). 교회는

하나님의 마음에 합한 직분자가 선출될 수 있도록 노력해야 합니다.

그러므로 교회에는 절대 부정 선거가 있어서는 안 됩니다. 하나님 마

음에 합한 직분자가 선출되는 일에 방해가 되기 때문입니다.

(3) 제자들은 서로 높은 자리에 앉으려고 다투었습니다. 이에 예수님은

제자들을 모두 '형제'라고 하시면서 동등성을 강조하셨습니다(마 23:8). 이처럼 교회의 직분에는 위계질서가 없습니다. 모든 직분자는 동등한 권위를 가지고 있습니다.

(4) 성도들은 기도하는 가운데 합법적인 방법으로 선출된 직분자를 하나님께서 세우신 것으로 믿어야 합니다. 따라서 하나님께서 세우신 직분자들을 존경해야 합니다.

결론

교회는 그리스도의 몸이며, 그리스도는 교회의 머리입니다. 머리이신 그리스도는 직분자를 통해 몸인 교회를 통치하십니다. 따라서 직분자를 세우는 일도 사람의 뜻이 아닌 하나님의 뜻대로 진행되어야 합니다. 교회는 기도하는 가운데 합법적인 선거로 직분자를 선출해야 하며, 이렇게 선출된 직분자는 사람이 아니라 하나님께서 세우신 것으로 믿고 존경해야 합니다.

점검하기

1. 교회가 하나님의 뜻대로 직분자를 선출하는 방식은 무엇입니까?
2. 교회에 부정 선거가 있어서는 안 되는 이유가 무엇입니까?
3. 직분 간에 위계질서가 있습니까?
4. 정당하게 선출된 직분자를 왜 존경해야 합니까?

제32조
교회의 질서와 권징

우리는 교회의 직분자들이 몸 된 교회를 유지하기 위해서

일정한 질서를 세우는 것이 유익하다고 믿습니다.

우리는 교회의 질서가 우리의 유일한 주인이신

그리스도의 명령에서 벗어나지 않아야 한다고 믿습니다.[1]

그러므로 우리는 성경에서 명령하지 않은

모든 인간적 고안물들이나 규범들이 예배에 도입되어

우리의 양심을 속박하고 강제하는 것을 거부합니다.[2]

우리는 교회의 조화와 일치를 보존하고 증진시키며,

모든 사람이 하나님께 순종하게 하는 데 적법한 것만을 받아들입니다.[3]

이를 위해 권징과 출교가 하나님의 말씀에 따라 시행되어야 합니다.[4]

---

1 딤전 3:15
2 사 29:13; 마 15:9; 갈 5:1
3 고전 14:33
4 마 16:19; 18:15-18; 롬 16:17; 고전 5장; 딤전 1:20

핵심 신앙고백

⑴ 우리는 직분자들이 하나님의 말씀대로 교회를 세워 가야 한다고 믿습니다.

⑵ 우리는 성경적이지 않은 것들이 예배에 도입되는 것은 거부해야 합니다.

⑶ 반면, 교회의 조화와 일치를 보존하고 증진시키는 것은 받아들여야 합니다.

⑷ 우리는 이를 위해 권징과 출교가 시행되어야 한다고 믿습니다.

핵심 성경 구절

(1) 만일 내가 지체하면 너로 하여금 하나님의 집에서 어떻게 행하여야 할지를 알게 하려 함이니 이 집은 살아 계신 하나님의 교회요 진리의 기둥과 터니라(딤전 3:15)

(2) 사람의 계명으로 교훈을 삼아 가르치니 나를 헛되이 경배하는도다 하였느니라 하시고(마 15:9)

(3) 하나님은 무질서의 하나님이 아니시요 오직 화평의 하나님이시니라(고전 14:33)

(4) 만일 그들의 말도 듣지 않거든 교회에 말하고 교회의 말도 듣지 않거든 이방인과 세리와 같이 여기라(마 18:17)

핵심 해설

(1) 바울은 교회가 "진리의 기둥과 터"라고 가르쳤습니다(딤전 3:15). 교회는 세상 단체처럼 운영되지 않고, 하나님의 말씀대로 운영되어야 한다는 뜻입니다. 따라서 직분자의 역할은 하나님의 말씀대로 교회를 운영하는 것이며, 하나님의 말씀대로 교회를 세워 가는 것입니다.

(2) 바른 교회는 바른 예배가 있는 교회입니다. 바른 예배는 사람의 뜻이 아니라 하나님의 뜻대로 행해지는 예배입니다(마 15:9). 따라서 직분자들은 성경 말씀대로 바른 예배를 드리기에 힘써야 하며, 성경적이지 않은 것이 예배에 도입되지 않게 해야 합니다.

(3) 하나님은 질서와 화평의 하나님이십니다(고전 14:33). 따라서 직분자들은 교회가 질서와 화평의 공동체가 되도록 해야 합니다. 직분자들이 하나님의 말씀대로 교회를 운영할 때, 교회는 질서와 화평의 공동체가 될 수 있습니다.

(4) 직분자들은 교회의 질서와 화평을 위해 말씀을 거역하는 자들을 권징하고 출교할 수 있습니다(마 18:17). 교회가 사랑과 용서만 강조하면서 죄인들을 내버려둔다면, 하나님의 교회가 마땅히 가져야 하는 질서와 화평이 무너지게 될 것입니다.

결론

직분자의 역할은 성경적인 교회를 세우는 것입니다. 그래서 직분자는 두 가지에 힘써야 합니다. 첫째, 성경적인 예배에 힘써야 합니다. 비성경적인 요소가 예배에 침투하지 않게 해야 합니다. 둘째, 성경적인 질서를 세워야 합니다. 말씀대로 교회를 운영해야 하고, 말씀을 거역하는 자들은 권징하거나 출교해야 합니다. 그리할 때 질서와 화평의 교회를 세울 수 있습니다.

점검하기

1. 직분자는 무엇을 따라 교회를 운영해야 합니까?
2. 직분자는 바른 예배를 위해 어떤 노력을 해야 합니까?
3. 직분자들은 교회의 질서와 화평을 위해 말씀을 거역하는 자들을 어떻게 해야 합니까?

제33조
성례

우리는 우리의 어리석음과 연약함을 아시는 은혜로운 하나님께서

자신의 약속들을 우리에게 인(印) 치시고,

우리를 향한 자신의 선하신 뜻과 은혜를 보증하시려고

성례를 제정하셨다고 믿습니다.

하나님께서는 이것을 통해 우리의 믿음이 자라고 유지되게 하십니다.[1]

그분은 복음의 말씀에 성례를 더하셔서,[2]

당신이 말씀으로 우리에게 선포하신 것과

우리 마음속에서 내적으로 행하시는 일을

우리의 외적 감각에 더 잘 나타내 주십니다.

그렇게 하여 우리에게 베풀어 주신 구원을

우리 안에서 확증해 주십니다.

---

1   창 17:9-14; 출 12장; 롬 4:11
2   마 28:19; 엡 5:26

성례는 내적이고 보이지 않는 것에 대한 보이는 표와 인이며,

하나님께서는 이 수단을 통해

성령의 능력으로 우리 안에서 역사하십니다.[3]

그러므로 이 표들은 공허하거나 무의미하여

우리를 속이는 것이 아닙니다.

왜냐하면 성례가 나타내는 진리는 바로 예수 그리스도이시고,

그분을 떠나서는 성례는 아무것도 아니기 때문입니다.

더 나아가서,

우리는 우리 주 그리스도께서 우리를 위해 제정하신 성례가

세례와[4] 성찬,[5]

이 두 가지라는 사실에 만족합니다.

---

3 롬 2:28-29; 골 2:11-12
4 마 28:19
5 마 26:26-28; 고전 11:23-26

핵심 신앙고백

⑴ 하나님은 우리의 어리석음과 연약함을 아시기 때문에 성례를 제정하셨습니다.

⑵ 성례는 말씀에 더해진 것으로서, 하나님의 약속을 표시하고 인 치는 것입니다.

⑶ 성례가 효력 있는 이유는 성령님께서 성례를 사용하시고, 그리스도께서 성례를 통해 나타나시기 때문입니다.

⑷ 예수님께서 친히 제정하신 성례는 세례와 성찬입니다.

핵심 성경 구절

(1) 너희는 포피를 베어라 이것이 나와 너희 사이의 언약의 표징이니라(창 17:11)

(2) 그가 할례의 표를 받은 것은 무할례 시에 믿음으로 된 의를 인친 것이니(롬 4:11)

(3) 무릇 표면적 유대인이 유대인이 아니요 표면적 육신의 할례가 할례가 아니니라 오직 이면적 유대인이 유대인이며 할례는 마음에 할지니 영에 있고 율법 조문에 있지 아니한 것이라 그 칭찬이 사람에게서가 아니요 다만 하나님에게서니라(롬 2:28-29)

(4) 그러므로 너희는 가서 모든 민족을 제자로 삼아 아버지와 아들과 성령의 이름으로 세례를 베풀고(마 28:19)

핵심 해설

(1) 하나님께서 성례를 제정하신 이유는 우리가 어리석고 연약하기 때문입니다. 예를 들어, 아브라함은 할례를 받아서 의롭게 된 것이 아닙니다. 아브라함은 이미 믿음으로 의롭게 되었습니다. 다만 하나님은 할례를 통해 그 사실을 확실히 알게 하셨습니다. 할례는 아브라함이 하나님의 백성이라는 사실을 확실하게 보여 주는 언약의 표징이었습니다(창 17:11).

(2) 하나님께서 우리에게 은혜를 주시는 수단을 '은혜의 방편'이라고 합니다. 은혜의 방편 중 첫 번째는 말씀이고, 두 번째는 성례입니다. 성례는 하나님께서 말씀을 통해 약속하신 것을 보여 주고 확실하게 합니다. 하나님의 약속을 보여 준다는 점에서 성례를 '표'라고 하고(창 17:11), 하나님의 약속을 도장 찍듯이 확실하게 한다는 점에서 성례를 '인'이라고 합니다(롬 4:11).

(3) 성례는 그 자체에 효력이 있지도 않고(롬 2:28), 성례를 시행하는 사람에게 효력이 달려 있지도 않습니다. 성례가 효력 있는 이유는 첫째, 성령님께서 성례를 사용하시기 때문입니다(롬 12:13). 둘째, 성례가 그리스도를 나타내기 때문입니다(고전 11:26).

(4) 사람이 만든 것을 성례라고 하지 않고, 그리스도께서 제정하신 것만 성례라고 합니다. 그리스도께서 제정하신 성례는 단 두 가지입니다.

첫째, 세례입니다(마 28:19). 둘째, 성찬입니다(마 26:26-28).

결론

　말씀과 성례는 둘 다 은혜의 방편입니다. 하지만 차이점이 있습니다. 말씀은 믿음을 일으키고 자라게 하지만, 성례는 믿음을 일으키지는 못하고 자라게만 합니다. 그래서 성례는 단독으로 행하지 않고 말씀과 함께 행해야 합니다. 그러한 이유로 반드시 말씀 사역자가 성례를 시행해야 합니다.

점검하기

1. 하나님께서 성례를 제정하신 이유는 무엇입니까?
2. 성례를 통해 은혜를 받고 있습니까? 그렇지 않다면 그 이유는 무엇일까요?

제34조
세례

우리는 율법의 마침이 되신 예수 그리스도께서(롬 10:4)

그의 피를 흘리심으로 말미암아,

죄 사함을 위해서 행해 왔던

다른 모든 피 흘림이 종식되었다고 믿고 고백합니다.

그리스도께서는 피를 흘리는 할례를 폐지하시고

그 대신 세례의 성례를 제정하셨습니다.[1]

우리는 세례를 통하여 하나님의 교회에 속하게 되고

다른 모든 사람과 거짓 종교들로부터 구별되며,

전적으로 하나님께만 속하게 되었다는 표와 인을 지니게 됩니다.[2]

세례는 하나님께서 영원히 우리의 하나님이시고

은혜로운 아버지가 되실 것이라는 사실을

우리에게 증거하는 역할을 합니다.

1   골 2:11
2   출 12:48; 벧전 2:9

그러므로 하나님께서는 자기에게 속한 모든 사람이

보통의 물로 아버지와 아들과 성령의 이름으로

세례를 받아야 한다고 명령하셨습니다(마 28:19).

하나님께서는 이 세례에 의해서

물이 우리 몸에 부어질 때 우리 몸에서 더러운 것이 씻기는 것처럼,

또 물이 세례받는 사람에게 뿌려질 때 그 사람의 몸에 보이는 것처럼,

그리스도의 피가 성령님에 의해서 내적으로

우리 영혼에 동일한 일을 한다는 것을 우리에게 나타내십니다.[3]

그리스도의 피는 우리 영혼을 죄로부터 씻어 깨끗하게 하며[4]

진노의 자녀였던 우리를 하나님의 자녀로 중생하게 합니다.[5]

이것은 물 자체로 인해 일어나는 일이 아니라[6]

하나님 아들의 보혈을 뿌림으로써 되는 일입니다.[7]

그리스도는 우리의 홍해이십니다.[8]

그러므로 바로의 폭정, 곧 사탄의 지배에서 벗어나

영적인 가나안으로 들어가기 위해 그 바다를 반드시 통과해야 합니다.

---

3   마 3:11; 고전 12:13
4   행 22:16; 히 9:14; 요일 1:7; 계 1:5b
5   딛 3:5
6   벧전 3:21
7   롬 6:3; 벧전 1:2; 2:24
8   고전 10:1-4

따라서 목사들은 눈에 보이는 성례를 베풀지만,

우리 주님께서는 성례가 표시하는

보이지 않는 선물들과 은혜를 주십니다.

그분은 우리 영혼에서 모든 부정과 불의를

씻으시고 제거하시며 정결케 하시고,[9]

우리 마음을 새롭게 하여 모든 위로로 채우시며,

우리에게 성부의 선하심을 참되게 확신시켜 주시고,

새로운 본성을 입히심으로 옛 본성을 벗겨 주십니다.[10]

그러므로 우리는, 누구든지 영생을 간절히 원하는 사람은

세례를 단 한 번만 받아야 한다고 믿습니다.[11]

왜냐하면 우리가 두 번 중생할 수 없기 때문입니다.

또한 세례는 물이 우리에게 뿌려지고

우리가 그것을 받는 순간만이 아니라

우리의 전 생애에 걸쳐서 유익을 주기 때문입니다.

따라서 우리는, 단 한 번만 받는 세례에 만족하지 않을 뿐 아니라

신자의 어린 자녀에게 세례 주는 일도 정죄하는

재세례파의 오류를 배격합니다.

---

9   고전 6:11; 엡 5:26
10 롬 6:4; 갈 3:27
11 마 28:19; 엡 4:5

우리는 동일한 약속에 근거하여

이스라엘의 어린 자녀들이 할례를 받았던 것처럼,

우리 자녀들도 세례를 받고

언약의 표로 인 침을 받아야 한다고 믿습니다.[12]

참으로 그리스도께서는

어른들의 죄를 씻으려고 피 흘리신 것처럼

신자의 자녀들을 위해서도 피 흘리셨습니다.[13]

그러므로 여호와께서 어린아이가 태어나면

곧바로 어린양을 제물로 드리라고 명하셨듯이,[14]

우리 아이들도 그리스도께서 그들을 위해 행하신 일의

표와 성례를 받아야 합니다.

세례는 그리스도의 고난과 죽음을 나타내는 성례입니다.

이전에 할례가 이스라엘 백성들에 대해 가졌던 의미와

지금 세례가 우리 자녀들에 대해 가지는 의미가 동일하기 때문에,

바울은 세례를 '그리스도의 할례'라고 불렀습니다(골 2:11).

---

12   창 17:10-12; 마 19:14; 행 2:39
13   고전 7:14
14   레 12:6

핵심 신앙고백

(1) 우리는 예수님께서 할례를 폐지하시고 세례를 제정하셨다고 믿습니다.

(2) 세례는 하나님께 속해 있다는 표와 인입니다.

(3) 세례 때 물을 사용하는 이유는 물이 몸의 더러움을 씻는 것처럼 그리스도의 피가 우리 영혼을 깨끗하게 하기 때문입니다.

(4) 이것은 물 자체에 능력이 있기 때문이 아니라 그리스도의 보혈 때문입니다.

(5) 우리가 두 번 중생할 수 없기 때문에, 세례는 한 번만 받아야 합니다.

(6) 유아에게도 세례를 주어야 합니다. 세례와 의미가 동일한 할례를 유아에게도 주었기 때문입니다.

핵심 성경 구절

(1) 또 그 안에서 너희가 손으로 하지 아니한 할례를 받았으니 곧 육의 몸을 벗는 것이요 그리스도의 할례니라(골 2:11)

(2) 누구든지 그리스도와 합하기 위하여 세례를 받은 자는 그리스도로 옷 입었느니라(갈 3:27)

(3) 이제는 왜 주저하느냐 일어나 주의 이름을 불러 세례를 받고 너의 죄를 씻으라 하더라(행 2:16)

(4) 친히 나무에 달려 그 몸으로 우리 죄를 담당하셨으니 이는 우리로 죄에 대하여 죽고 의에 대하여 살게 하려 하심이라 그가 채찍에 맞음으로 너희는 나음을 얻었나니(벧전 2:24)

(5) 높음이나 깊음이나 다른 어떤 피조물이라도 우리를 우리 주 그리스도 예수 안에 있는 하나님의 사랑에서 끊을 수 없으리라(롬 8:39)

(6) 너희 중 남자는 다 할례를 받으라 이것이 나와 너희와 너희 후손 사이에 지킬 내 언약이니라(창 17:10)

핵심 해설

(1) 하나님은 아브라함에게 "너와 네 후손의 하나님이 되겠다"라고 약속하셨습니다. 그리고 할례를 통해 그 약속을 확실하게 하셨습니다(창 17:11). 이처럼 할례는 하나님께 속해 있다는 표와 인입니다. 예수님은 할례가 아니라 세례를 행하라고 하셨습니다. 세례를 그리스도의 할례라고 하셨습니다(골 2:11). 따라서 구약의 할례는 신약의 세례로 대체되었습니다.

(2) 세례는 구약의 할례를 대체한 것입니다. 이제는 하나님께 속했다는 사실이 할례가 아니라 세례로 표시됩니다(갈 3:27). 우리는 세례를 통해 교회에 속하게 되고, 거짓 종교들과 구별됩니다.

(3) 세례 때는 물을 사용합니다. 세례가 죄 씻음을 의미하는 것처럼(행

2:16), 물이 씻음을 상징하기 때문입니다.

(4) 세례 자체가 우리의 죄를 씻는 것이 아닙니다. 우리의 죄 씻음은 전적으로 예수님의 보혈 때문입니다(벧전 2:24). 따라서 세례의 물은 그 자체로 특별하지 않습니다.

(5) 세례는 하나님께 속했음을 표시합니다. 그런데 하나님께 속하게 된 것은 변경되지 않습니다. 하나님께서 우리를 절대로 포기하거나 버리지 않으시기 때문입니다(롬 8:39). 그래서 세례는 일생 단 한 번만 받습니다.

(6) 아무나 세례를 받을 수 없습니다. 예수님을 주님으로 믿고 고백하는 사람만이 세례를 받을 수 있습니다. 그런데 유아는 자신의 신앙을 고백할 수 없습니다. 그래서 유아 세례를 반대하는 사람들이 있습니다. 하지만 유아에게도 세례를 주어야 합니다. 세례는 할례를 대체한 것이고, 그 할례를 유아에게도 주었기 때문입니다. 예수님은 성인 신자를 구원하기 위해 피를 흘리신 만큼, 유아 신자를 구원하기 위해서도 피를 흘리셨습니다.

결론

우리가 세례를 받았다는 사실은, 우리가 세상에 속한 자가 아니라 하나님께 속한 자라는 것을 표시하고 인 칩니다. 따라서 세례를 받은 우리는 세상에 속한 자처럼 살지 않고 하나님께 속한 자처럼 살아야 합니다. 그런 점에서 세례는 거룩한 서약입니다. 우리는 세례를 통해서 하나님의 백성답게 거룩하게 살겠다고 서약합니다. 유아 세례도 마찬가지입니다. 부모는 유아 세례를 통해 자기 자녀를 하나님의 백성답게 양육하겠다고 거룩하게 서약합니다.

점검하기

1. 할례가 의미하는 것은 무엇입니까?
2. 할례는 신약 시대에 무엇으로 대체되었습니까?
3. 세례 때 왜 물을 사용합니까?
4. 세례의 물이 그 자체로 특별합니까?
5. 왜 유아에게도 세례를 주어야 합니까?

제35조
성찬

우리는 우리 구주 예수 그리스도께서 이미 중생시키시고

그분의 가족, 곧 그분의 교회로 받아들이신 자들을

양육하시고 보존하시기 위해

친히 성찬의 성례를 제정하셨다고 믿습니다.[1]

거듭난 사람에게는 두 가지 생명이 있습니다.[2]

하나는, 그들이 처음 태어날 때 받은 육체적이고 현세적인 생명인데,

이는 모든 사람에게 공통됩니다.

다른 하나는, 그들이 두 번째로 태어날 때 받은

영적이고 천상적인 생명인데,

그리스도의 몸의 교제 안에서 복음의 말씀으로 이루어집니다.[3]

이 생명은 모든 사람에게 공통된 것이 아니고

오직 하나님께서 택하신 자들만이 갖는 것입니다.

---

1 마 26:26-28; 막 14:22-24; 눅 22:19-20; 고전 11:23-26
2 요 3:5-6
3 요 5:25

하나님께서는 육체적이고 지상적인 생명을 유지하도록

지상적이고 물질적인 빵을 정해 주셨습니다.

이 빵은 생명이 모든 사람에게 주어지듯이

모든 사람에게 공통적입니다.

한편, 하나님께서는 신자들이 소유한

영적이고 천상적인 생명을 유지하도록

"하늘에서 내려온 살아 있는 빵"이신 예수 그리스도를 보내셨습니다.[4]

신자들이 그분을 먹을 때, 다시 말해,

신자들이 영적으로 그분을 자기 것으로 삼고

믿음으로 그분을 받아들일 때,[5]

그리스도께서는 그들의 영적 생명을 양육하시고 유지시키십니다.[6]

그리스도께서는 영적이고 천상적인 빵을

우리에게 알려 주시기 위해

지상적이고 보이는 빵을 당신의 몸의 성례로,

포도주를 당신의 피의 성례로 제정하셨습니다.[7]

그분은 우리가 빵과 포도주를 우리 손으로 받아서

---

4   요 6:48-51
5   요 6:40, 47
6   요 6:63; 10:10b
7   요 6:55; 고전 10:16

우리 입으로 먹고 마실 때,

그것에 의해 우리 육신의 생명이 유지되는 것만큼이나 확실하게,[8]

우리가 우리의 유일한 구주이신 그리스도의 참된 몸과 참된 피를

우리의 영적 생명을 위해 우리 영혼에 받는 것이 확실하다고

우리에게 증언하십니다.

우리는 이것을 우리 영혼의 손과 입이 되는 믿음으로 받습니다.

예수 그리스도께서 우리에게 헛되이 그분의 성례를 명하신 것이 아님은

의심할 여지가 없습니다.

따라서 그분은 이러한 거룩한 표로써

우리에게 나타내신 모든 일을 우리 안에서 이루십니다.

우리가 하나님의 성령의 감추어진 활동을 이해할 수 없는 것처럼,[9]

우리는 이 일이 이루어지는 방식도 이해할 수 없습니다.

하지만 우리가 그리스도의 진짜 몸과 진짜 피를

먹고 마신다고 말하는 것이 잘못된 것은 아닙니다.

우리가 그것을 먹는 방식은 입을 통해서가 아니라

믿음을 통해서 영적으로 하는 것입니다.

그리하여 예수 그리스도께서는

---

8 엡 3:17
9 요 3:8

하늘에서 성부 하나님 우편에 항상 앉아 계시면서도

끊임없이 우리로 하여금 믿음으로 당신에게 참여하도록 하십니다.[10]

이 잔치는 영적 식탁으로서,

그리스도께서는 이 자리에서 우리로 하여금

자신에게 참여하게 하시고, 또 자신의 모든 은덕에 참여하게 하십니다.

그 식탁에서 주님은 우리로 하여금 당신을 즐거워하게 하시고,

또 자신의 고난과 죽음의 공로를 누리게 하십니다.[11]

그리스도께서는 자신의 살을 먹이심으로써

우리의 가난하고 낙담한 영혼을 먹이시고 힘 주시고 위로하시며,

그의 피를 마시게 하심으로써 회복시키시고 새롭게 하십니다.

성례는 그것이 상징하는 진리와 연결되어 있지만,

모든 사람이 이 두 가지를 다 받는 것은 아닙니다.[12]

악한 자들은 실로 성례를 받음으로써 자신을 정죄하는 데 이를 뿐이고,

성례의 진리는 받지 않습니다.

따라서 유다나 마술사 시몬은 성례를 받았으나

성례가 표하는 그리스도는 받지 않았습니다.[13]

오직 믿는 사람들만 그분께 참여할 수 있습니다.[14]

---

10   막 6:19; 행 3:21
11   롬 8:32; 고전 10:3-4
12   고전 2:14
13   눅 22:21-22; 행 8:13, 21
14   요 3:36

끝으로, 우리는 이 거룩한 성례를

하나님의 백성과 회중 가운데서 겸손함과 경외함으로 받습니다. [15]

우리는 다 함께 우리 구주 그리스도의 죽으심을

감사의 마음으로 기념하고

우리의 믿음과 기독교 신앙을 고백합니다. [16]

따라서 먼저 자기 자신을 조심해서 살피지 않고서는

누구도 이 상에 나오지 않아야 합니다.

그렇지 않으면 이 빵을 먹고 이 잔을 마심으로써

자기에 대한 심판을 먹고 마시는 것이 되기 때문입니다(고전 10:28-29).

요컨대, 우리는 이 거룩한 성례를 시행함으로써

하나님과 이웃을 뜨겁게 사랑하도록 자극받게 됩니다.

그러므로 우리는 모든 혼합된 사상과 정죄할 만한 고안들,

곧 사람들이 성례에 덧붙이거나 혼합시킨 것들을

성례의 모독으로 여기고 배격합니다.

우리는 그리스도와 그분의 사도들이 가르친 규례에 만족해야 하고,

그들이 말한 그대로 말해야 한다고 선언합니다.

---

15 행 2:42; 20:7
16 행 2:46; 고전 11:26

핵심 신앙고백

⑴ 예수님은 중생한 자들을 양육하시고 보존하시기 위해 성찬을 제정하 셨습니다.

⑵ 중생한 자들은 육체적 생명뿐만 아니라 영적 생명도 가지고 있으므로, 영적 양식이 필요합니다.

⑶ 하나님께서 주신 영적 양식은 예수 그리스도입니다.

⑷ 성찬의 빵과 포도주는 영적 양식인 예수님의 살과 피를 상징합니다.

⑸ 우리는 성찬을 통해 예수님을 영적으로 먹습니다. 예수님을 영적으로 먹는 방법은 믿음입니다.

⑹ 악한 자들은 성찬에 참여할 수 없고, 오직 믿는 사람들만 참여할 수 있 습니다.

⑺ 죄인이 성찬에 참여하는 것은 심판을 초래하는 일입니다. 따라서 성 찬에 참여하기 전에는 하나님과 이웃을 사랑했는지 점검해야 하고, 성찬에 참여한 후에는 하나님과 이웃을 뜨겁게 사랑하기 위해 노력해 야 합니다.

핵심 성경 구절

(1) 그들이 먹을 때에 예수께서 떡을 가지사 축복하시고 떼어 제자들에게 주시며 이르시되 받아서 먹으라 이것은 내 몸이니라 하시고 또 잔을 가지사 감사 기도 하시고 그들에게 주시며 이르시되 너희가 다 이것을 마시라(마 26:26-27)

(2) 예수께서 대답하시되 진실로 진실로 네게 이르노니 사람이 물과 성령으로 나지 아니하면 하나님의 나라에 들어갈 수 없느니라 육으로 난 것은 육이요 영으로 난 것은 영이니(요 3:5-6)

(3) 내가 곧 생명의 떡이니라(요 6:48)

(4) 우리가 축복하는 바 축복의 잔은 그리스도의 피에 참여함이 아니며 우리가 떼는 떡은 그리스도의 몸에 참여함이 아니냐(고전 10:16)

(5) 믿음으로 말미암아 그리스도께서 너희 마음에 계시게 하시옵고 너희가 사랑 가운데서 뿌리가 박히고 터가 굳어져서(엡 3:17)

(6) 아들을 믿는 자에게는 영생이 있고 아들에게 순종하지 아니하는 자는 영생을 보지 못하고 도리어 하나님의 진노가 그 위에 머물러 있느니라(요 3:36)

(7) 사람이 자기를 살피고 그 후에야 이 떡을 먹고 이 잔을 마실지니 주의 몸을 분별하지 못하고 먹고 마시는 자는 자기의 죄를 먹고 마시는 것이니라(고전 11:28-29)

핵심 해설

(1) 죄로 말미암아 영적으로 죽었던 사람이 다시 살아나는 것을 '중생'이라고 합니다. 하나님은 성령과 말씀으로 죄인들을 중생하게 하십니다. 하나님의 은혜는 중생으로 끝이 아닙니다. 하나님은 중생한 자들이 계속 자랄 수 있도록 영적으로 먹여 주십니다. 중생한 자들을 영적으로 먹이시기 위해서 예수님께서 제정하신 성례가 '성찬'입니다.

(2) 세상 사람들은 육체적 생명만 가지고 있습니다. 하지만 중생한 사람들은 영적 생명도 함께 가지고 있습니다(요 3:5-6). 따라서 중생한 사람들에게는 영적 양식이 필요합니다.

(3) 하나님께서 중생한 사람들에게 주신 영적 양식은 예수 그리스도입니다(요 6:48).

(4) 성찬은 예수님이 영적 양식이라는 것을 보여 주는 성례입니다. 성찬의 빵은 예수님의 몸을, 성찬의 포도주는 예수님의 피를 상징합니다.

(5) 예수님을 영적으로 먹어야 영적 생명을 유지할 수 있습니다. 예수님을 영적으로 먹는 방법은 '믿음'입니다. 예수님을 믿음으로 받아들이는 자들에게 예수님은 영적 생명을 주십니다. 그래서 믿음은 '영혼의 입'입니다. 성찬 참여자가 가져야 할 믿음은 다음과 같습니다. 첫째, 나 자신이 죄인이라는 것과 나의 죄 때문에 예수님께서 죽으셨음을 믿어야 합니다. 둘째, 예수님께서 십자가에서 피 흘리심으로 나의 죄

가 모두 해결되었음을 믿어야 합니다.

(6) 누구나 설교를 들을 수 있습니다. 설교는 믿음을 일으키는 수단이기 때문입니다. 하지만 누구나 성찬에 참여할 수는 없습니다. 성찬은 믿음의 행위이기 때문입니다. 예수님을 영적 양식으로 믿는 사람만 성찬에 참여할 수 있습니다.

(7) 일반적으로 세례를 받은 자들은 성찬에 참여할 수 있습니다. 하지만 세례를 받았다고 해서 누구나 성찬에 참여할 수 있는 것은 아닙니다. 성경은 성찬에 참여하기 전에 자신을 살펴야 한다고 말하기 때문입니다(고전 11:28-29). 따라서 성찬에 참여하기 전에는 하나님과 이웃을 사랑했는지 점검해야 하고, 성찬에 참여한 이후에는 하나님과 이웃을 뜨겁게 사랑하기 위해 노력해야 합니다.

결론

성찬에 무감각하게 참여하거나 성찬을 시간 낭비로 생각하는 사람들이 있습니다. 그러나 성찬은 가벼운 마음으로 참여할 의식이 아니며, 시간 낭비도 아닙니다. 성찬은 우리에게 은혜를 주시기 위해 예수님께서 직접 제정하신 성례입니다. 특히 성찬은 복음의 본질을 잘 보여 줍니다. 첫째, 우리가 죄인임을 보여 줍니다. 죄인인 우리의 죄 때문에 예수님께서 대신 죽으신 것을 보여 줍니다. 둘째, 우리가 구원받았음을 보여 줍니다. 예수님께서 십자가에서 죽으심으로 우리의 죄가 모두 해결되었음을 보여 줍니다. 셋째, 영적 연합을 보여 줍니다. 예수님과 우리가 영적으로 한 몸이라는 것을 보여 줍니다. 넷째, 성도의 책임을 보여 줍니다. 우리에게 하나님과 이웃을 뜨겁게 사랑할 책임이 있다는 것을 보여 줍니다.

점검하기

1. 중생한 사람들이 가지고 있는 두 가지 생명은 무엇입니까?
2. 중생한 사람들에게 필요한 영적 양식은 무엇입니까?
3. 성찬의 빵과 포도주는 각각 무엇을 상징합니까?
4. 예수님을 영적으로 먹는 방법은 무엇입니까?
5. 어떤 사람이 성찬에 참여할 수 있습니까?

8부

국가 정부와
종말에 관하여

제36조
국가 정부

우리는 인류의 타락 때문에

은혜로우신 우리 하나님께서

왕과 군주와 공직자들을 세우셨음을 믿습니다. [1]

하나님께서는 세상이 법률과 정책으로 다스려지기를 원하시는데, [2]

그럼으로써 사람들의 방탕함이 억제되고

모든 일이 선한 질서에 따라 행해지도록 하시려는 것입니다. [3]

하나님께서는 이 목적을 위해서 정부의 손에 칼을 주셔서

악한 자를 처벌하고 선을 행하는 자를 보호하도록 하셨습니다(롬 13:4).

억제하고 보호하는 그들의 임무는

공공질서에만 제한된 것이 아니라

교회와 교회 사역의 보호도 포함합니다.

---

1 잠 8:15; 단 2:21; 요 19:11; 롬 13:1
2 출 18:20
3 신 1:16; 16:19; 삿 21:25; 시 82; 렘 21:12; 22:3; 벧전 2:13-14

그리하여 그리스도의 나라가 임하고

복음의 말씀이 모든 곳에 전파되어,[4]

하나님께서 당신의 말씀에서 요구하시는 대로

만민이 하나님께 영광을 돌리고

하나님을 예배하도록 하시려는 것입니다.

또한 모든 사람은 신분과 조건과 지위를 막론하고

공직자들의 다스림을 받아야 하며,

세금을 납부해야 하고,

그들을 존중하고 존경해야 하며,

하나님의 말씀에 위배되지 않는 한[5]

모든 일에서 그들에게 복종해야 합니다.[6]

우리는 하나님께서 그들의 모든 판단을 지도하시고,

우리가 "모든 경건과 단정함으로

고요하고 평안한 생활을"(딤전 2:2) 할 수 있도록

그들을 위해 기도해야 합니다.

이러한 이유에서 우리는 재세례파,

---

4   시 2편; 롬 13:4a; 딤전 2:1-4
5   행 4:19; 5:29
6   마 17:27; 22:21; 롬 13:7; 딛 3:1; 벧전 2:17

반란을 선동하는 사람들,

권세들과 공직자들을 배격하는 자들,

공의를 무너뜨리는 자들,[7]

그리고 재산의 공동 소유 제도를 도입하며

하나님께서 사람들 가운데 세우신 질서를 혼잡하게 하려는

모든 자들을 정죄합니다.

---

7 벧후 2:10; 유 8

핵심 신앙고백

(1) 우리는 하나님께서 국가의 정부를 세우셨음을 믿습니다.

(2) 하나님께서 정부를 세우신 목적은 선한 자들을 보호하고 악한 자들을 억제하는 것입니다.

(3) 하나님께서는 이 목적을 위해 정부에 칼의 권세를 주셨습니다.

(4) 또한 정부는 교회와 교회의 사역도 보호해야 합니다.

(5) 모든 사람은 정부가 제 역할을 할 수 있도록 세금을 납부해야 합니다.

(6) 또한 말씀에 위배되지 않는 한 공직자에게 복종해야 합니다.

핵심 성경 구절

(1) 각 사람은 위에 있는 권세들에게 복종하라 권세는 하나님으로부터 나지 않음이 없나니 모든 권세는 다 하나님께서 정하신 바라(롬 13:1)

(2) 인간의 모든 제도를 주를 위하여 순종하되 혹은 위에 있는 왕이나 혹은 그가 악 행하는 자를 징벌하고 선행하는 자를 포상하기 위하여 보낸 총독에게 하라(벧 전 2:13-14)

(3) 그가 공연히 칼을 가지지 아니하였으니 곧 하나님의 사역자가 되어 악을 행하 는 자에게 진노하심을 따라 보응하는 자니라(롬 13:4)

(4) 그러므로 내가 첫째로 권하노니 모든 사람을 위하여 간구와 기도와 도고와 감

사를 하되 임금들과 높은 지위에 있는 모든 사람을 위하여 하라 이는 우리가 모든 경건과 단정함으로 고요하고 평안한 생활을 하려 함이라(딤전 2:1-2)

(5) 이르되 가이사의 것이니이다 이에 이르시되 그런즉 가이사의 것은 가이사에게, 하나님의 것은 하나님께 바치라 하시니(마 22:21)

(6) 베드로와 요한이 대답하여 이르되 하나님 앞에서 너희의 말을 듣는 것이 하나님의 말씀을 듣는 것보다 옳은가 판단하라(행 4:19)

핵심 해설

(1) 국가 및 정부의 시작에 대해 여러 가지 견해가 있습니다. 대표적인 견해는 '사회계약설'입니다. 이는 사람들이 각자의 이익을 위해 계약을 맺음으로써 국가의 권력인 정부가 존재한다는 견해입니다. 그러나 성경은 다음과 같이 말합니다. "권세는 하나님으로부터 나지 않음이 없나니 모든 권세는 다 하나님께서 정하신 바라"(롬 13:1). 따라서 우리는 사람이 국가의 정부를 만들었다고 믿기보다 하나님께서 친히 국가 권력인 정부를 세우셨다고 믿습니다.

(2) 베드로는 국가 공직자에게 순종할 이유를 다음과 같이 말합니다. "악행 하는 자를 징벌하고 선행하는 자를 포상하기 위하여"(벧전 2:14). 따라서 하나님께서 정부를 세우신 목적은 선한 자들을 보호하고 악한 자들을 억제하는 것입니다.

(3) 바울은 하나님께서 정부에 칼의 권세를 주셨다고 말합니다(롬 13:4). 칼의 권세란 악한 자들을 처벌하는 권세입니다. 흔히 공권력이라고 합니다. 정부는 공권력을 통해 선한 자들을 보호하고 악한 자들을 억제할 수 있습니다.

(4) 바울은 정부를 위해 기도할 이유를 말하면서, 교회의 경건과 평안 때문이라고 말합니다(딤전 2:2). 따라서 우리는 정부가 일반 국민뿐만 아니라 교회도 보호할 수 있도록 기도해야 합니다.

(5) 유대인들은 예수님께 로마에 세금을 내는 것이 정당한지 물었습니다. 이때 예수님은 국가에 세금을 내는 것은 옳다고 하셨습니다(마 22:21). 따라서 우리는 의무감을 가지고 세금을 납부해야 합니다.

(6) 성도는 국가의 권세, 즉 공직자에게 복종해야 합니다(롬 13:1). 하지만 공직자들은 하나님의 권세 아래에 있으므로, 하나님의 말씀에 위배되지 않을 때만 복종해야 합니다. 공직자가 하나님의 말씀에 위배되는 것을 요구할 때는 불복종하는 것이 하나님의 뜻입니다(행 4:19).

결론

우리는 교회를 위해 기도하듯 정부를 위해서도 기도해야 합니다. 교회처럼 정부도 하나님께서 만드신 기관이기 때문입니다. 하나님은 국가의 정부를 통해 다음과 같은 일을 하십니다. 첫째, 선한 자들을 보호하고 악한 자들을 억제하는 일을 하십니다. 둘째, 교회와 교회의 사역을 보호하는 일을 하십니다. 따라서 우리는 교회에 복종하는 것처럼 정부에 복종해야 합니다. 하지만 정부에 무조건 복종해서는 안 됩니다. 정부의 권세는 하나님의 권세 아래에 있습니다. 따라서 말씀 안에서만 복종해야 합니다.

점검하기

1. 하나님께서 정부를 만드신 목적은 무엇입니까?
2. 신앙고백서는 하나님께서 정부에 주신 공권력을 무엇이라고 합니까?
3. 정부가 보호해야 할 범위는 어디까지입니까?
4. 신자는 정부에 세금을 납부해야 합니까?
5. 신자는 정부에 무조건 복종해야 합니까?

제37조
최후 심판

마지막으로 우리는 하나님의 말씀을 따라,

주님께서 정하셨으나

모든 피조물에게는 알려지지 않은 그때가 이르고[1]

택함받은 자의 수가 차게 되면,[2]

우리 주 예수 그리스도께서

큰 영광과 위엄 가운데 승천하셨던 것처럼(행 1:11)[3]

우리가 볼 수 있도록 하늘로부터 육신으로 오실 것을 믿습니다.[4]

그리스도께서는 자기를 산 자와 죽은 자의 재판장으로 선언하시고[5]

불로써 이 낡은 세상을 정결하게 하실 것입니다.[6]

---

1 마 24:36; 25:13; 살전 5:1-2
2 히 11:39-40; 계 6:11
3 마 24:30; 25:31
4 계 1:7
5 마 25:31-46; 딤후 4:1; 벧전 4:5
6 벧후 3:10-13

그때에 세상 처음부터 마지막까지 살았던 모든 사람들이

남자와 여자와 아이 할 것 없이 모두

천사장의 소리와 하나님의 나팔 소리에 소환되어(살전 4:16)

이 위대하신 재판장 앞에 각각 서게 될 것입니다.[7]

그전에 죽었던 사람들이 모두 땅에서 일어날 것이고,[8]

그들의 영혼은 전에 살았던 그들의 몸과 다시 연합할 것입니다.

그때까지 살아 있는 사람들은

썩을 몸이 썩지 않을 몸으로 순식간에 변화될 것입니다.[9]

그때 책들이 펼쳐질 것이고(계 20:12),

죽었던 자들은 그들이 세상에 살 때 선악 간에 행한 것에 따라

재판을 받을 것입니다(고후 5:10).[10]

참으로 모든 사람은 자신이 언급한 모든 무익한 말들,

세상에서는 단지 농담과 재미로 여기는 것들에 관하여

해명해야 할 것이며(마 12:36),

사람들의 비밀과 위선이 모두의 눈앞에 공개적으로 드러날 것입니다.

그러므로 악하고 불경건한 자들에게는 이 재판을 생각하는 것이

무섭고 두려운 일이 될 것입니다.[11]

---

7 신 7:9-11; 계 20:12-13
8 단 12:2; 요 5:28-29
9 고전 15:51-52; 빌 3:20-21
10 히 9:27; 계 22:12
11 마 11:22; 23:33; 롬 2:5-6; 히 10:27; 벧후 2:9; 유 15; 계 14:7a

처음 시작하는 벨직 신앙고백

그러나 택함받은 경건한 자들에게는

이 재판에 관한 생각이 큰 기쁨과 위로가 됩니다.

왜냐하면 그때 그들의 구원이 완성될 것이며,

그들이 겪은 수고와 고통의 열매를 받을 것이기 때문입니다.[12]

그들의 결백함이 만인에게 알려질 것이며,

이 세상에서 그들을 박해하고 탄압하고 괴롭혔던 악인들 위에

하나님께서 내리실 무서운 보복을 보게 될 것입니다.[13]

악한 자들은 그들 자신의 양심의 증거에 의해서 유죄가 입증되어,

죽지도 않고

오직 마귀와 그의 사자들을 위해 예비된 영원한 불에서(마 25:41)[14]

고통을 받을 것입니다.[15]

반면 택함받은 신실한 자들은 영광과 존귀의 면류관을 쓸 것입니다.

하나님의 아들께서는 성부 하나님과 택한 천사들 앞에서(마 10:32)

그들의 이름을 시인하실 것이며,[16]

그때 하나님께서는 그들의 눈에서

모든 눈물을 닦아 주실 것이고(계 21:4),[17]

---

12   눅 14:14; 살후 1:3-10; 요일 4:17
13   계 15:4; 18:20
14   계 20:10
15   마 13:41-42; 막 9:48; 눅 16:23-28; 계 21:8
16   계 3:5
17   사 25:8; 계 7:17

현재 세상의 재판장과 통치자들에 의해서

이단과 악인으로 정죄받은 이유가

하나님의 아들로 인함 것임을 인정해 주실 것입니다.

그리고 주님께서는 사람의 마음이 전혀 상상할 수 없었던 영광을

은혜로운 보상으로 그들에게 내려 주실 것입니다.[18]

그러므로 우리는 장차 우리 주 예수 그리스도 안에 있는

하나님의 약속들을 충만히 누리게 되기를 간절히 바라며

이 위대한 날을 대망합니다.

"아멘. 주 예수여, 오시옵소서!"(계 22:20).

---

18   단 12:3; 마 5:12; 13:43; 고전 2:9; 계 21:9-22:5

핵심 신앙고백

(1) 알려지지 않은 그때가 반드시 이릅니다.

(2) 그때 예수님은 모든 사람이 보는 가운데 영광스러운 모습으로 오실 것입니다.

(3) 그리고 하늘로부터 오실 것입니다.

(4) 예수님은 오셔서 산 자와 죽은 자를 심판하실 것입니다.

(5) 그때 죽었던 자들은 다시 살아날 것입니다.

(6) 그리고 살아 있던 자들은 순식간에 변화될 것입니다.

(7) 예수님은 사람들의 모든 죄를 심판하실 것입니다.

(8) 그 결과 악인들은 영원한 고통을 받게 될 것입니다.

(9) 반면에 의인들은 영원한 행복을 누리게 될 것입니다.

핵심 성경 구절

(1) 그러나 그날과 그때는 아무도 모르나니 하늘의 천사들도, 아들도 모르고 오직 아버지만 아시느니라(마 24:36)

(2) 그때에 인자의 징조가 하늘에서 보이겠고 그때에 땅의 모든 족속들이 통곡하며 그들이 인자가 구름을 타고 능력과 큰 영광으로 오는 것을 보리라(마 24:30)

(3) 볼지어다 그가 구름을 타고 오시리라 각 사람의 눈이 그를 보겠고 그를 찌른 자

들도 볼 것이요 땅에 있는 모든 족속이 그로 말미암아 애곡하리니 그러하리라 아멘(계 1:7)

(4) 하나님 앞과 살아 있는 자와 죽은 자를 심판하실 그리스도 예수 앞에서 그가 나타나실 것과 그의 나라를 두고 엄히 명하노니(딤후 4:1)

(5) 땅의 티끌 가운데에서 자는 자 중에서 많은 사람이 깨어나 영생을 받는 자도 있겠고 수치를 당하여서 영원히 부끄러움을 당할 자도 있을 것이며(단 12:2)

(6) 보라 내가 너희에게 비밀을 말하노니 우리가 다 잠잘 것이 아니요 마지막 나팔에 순식간에 홀연히 다 변화되리니(고전 15:51)

(7) 내가 너희에게 이르노니 사람이 무슨 무익한 말을 하든지 심판 날에 이에 대하여 심문을 받으리니(마 12:36)

(8) 또 왼편에 있는 자들에게 이르시되 저주를 받은 자들아 나를 떠나 마귀와 그 사자들을 위하여 예비된 영원한 불에 들어가라(마 25:41)

(9) 지혜 있는 자는 궁창의 빛과 같이 빛날 것이요 많은 사람을 옳은 데로 돌아오게 한 자는 별과 같이 영원토록 빛나리라(단 12:3)

핵심 해설

(1) 예수님께서 재림하시는 날은 아무도 알지 못합니다. 심지어 천사들도 알지 못합니다(마 24:36). 다만 예수님은 선택받은 자들의 수가 다 찼을 때 오실 것입니다(계 6:11).

(2) 예수님은 다음과 같은 모습으로 오실 것입니다. 첫째, 영광스러운 모습으로 오실 것입니다(마 24:30). 둘째, 모든 사람이 보는 가운데 오실 것입니다(마 24:30).

(3) 세상의 처음이 있는 것처럼 세상의 마지막도 있습니다. 세상의 마지막을 알리는 사건은 예수님의 재림입니다(계 1:7). 예수님의 재림을 기점으로 현 세상은 막을 내릴 것입니다.

(4) 예수님께서 세상에 다시 오시는 목적은 심판입니다. 예수님은 살아 있는 자와 죽은 자를 심판하실 것입니다(딤후 4:1).

(5) 예수님께서 재림하실 때, 죽었던 자들은 다시 살아날 것입니다. 그들의 몸과 영혼이 다시 결합할 것입니다. 악인들은 지금처럼 타락한 몸으로 부활하지만, 의인들은 거룩한 몸으로 부활할 것입니다.

(6) 그때까지 살아 있는 사람들은 순식간에 부활의 몸으로 변화될 것입니다. 성경은 부활의 몸이 썩지 않는 몸이라고 말합니다(고전 15:42). 부활의 몸은 늙거나 병들거나 죽지 않는 몸입니다.

(7) 예수님은 사람들의 말조차도 심판하실 것입니다. 이것은 예수님께서

모든 행위를 심판하신다는 뜻입니다. 사람들은 예수님 앞에서 자신의 죄를 단 하나도 숨기지 못할 것입니다.

(8) 최후 심판의 결과, 악인들은 영원한 고통을 당하게 될 것입니다(마 25:41).

(9) 그러나 의인들은 악인들과 전혀 다른 결말을 보게 될 것입니다. 악인들이 영원한 고통을 당하는 것과 반대로, 의인들은 영원한 행복을 누리게 될 것입니다.

결론

　벨직 신앙고백의 종말론 부분은 시대적 배경을 생각하면서 읽어야 합니다. 당시 참된 신자들은 거짓 교회에 의해 핍박을 당하고 있었습니다. 심지어 벨직 신앙고백의 작성자는 화형을 당하기도 했습니다. 참된 신자들은 그러한 상황 속에서도, 종말론적 신앙으로 위로를 얻었습니다. 최후의 심판과 영원한 행복을 생각하면서 고난을 이겨 냈습니다. 우리에게도 종말론적 신앙이 필요합니다. 하나님께서 우리의 모든 수고를 갚아 주실 것이라는 믿음으로, 고난 많은 이 세상을 이겨 내야 합니다.

점검하기

1. 예수님께서 재림하시는 날을 우리가 알 수 있습니까?
2. 예수님은 어떤 모습으로 다시 오십니까?
3. 부활의 몸은 어떤 몸입니까?
4. 최후 심판의 결과는 무엇입니까?